# 合同案例复盘

## 合同纠纷实务指南

李文玲 著

- 内容细致务实
- 实用操作建议
- 案例典型性强
- 提示核心风险

中国法治出版社
CHINA LEGAL PUBLISHING HOUSE

# 飞入寻常百姓家的合同法

合同是人类最早的合作方式，它的诞生意味着人与人之间的地位平等，它排除了个体因身体、智力、经济、信息等方面存在的客观差异而形成的天生不平等，使所有合同主体都在同一起跑线上，按照自由意志决定是否缔约、和谁缔约、以何种方式和条件缔约。合同的出现，意味着人类文明已发展到一定的高度。任何形态的社会若要存续，则都须臾不可离开合同；即便国家权力再强大，国家也不可能全面、彻底取代当事人，安排其从生到死的全部大事小情。任何时期、任何地域的人，其一生中最为常见的与他人合作的方式，首推合同。

在法学逐渐成为一门专业后，无论是法学界，还是实务界，都自然而然会产生为法律各行业设定门槛的冲动和欲望，门槛越高，专业利益就越大。专业化的思维甚至裹挟了传统的自然法领域，包括合同法领域。在现代法律体系中，无论是在私人的日常生活中还是在市场经济中，合同都发挥了基础性的作用，成为大多数人每天从事和经历的社会实践，但合同法却将个人的生活经验在一定程度上疏离化了——它可能让每天都订立和履行合同的主体，对合同法规则倍感陌生。

前述尴尬的法律专业和社会生活的鸿沟，决定了通过具象的、真实的合同案例阐明合同法的专业知识与个体依凭其朴素的正义感情的认知之间的差距，具有十分重要的意义。无疑，这样的作品，由实务经验丰富的合同法专业法律人撰写最为合适。因为他们不仅熟谙合同法的具体规则，而且因其密切接触合同当事人，至少对合同一方当事人在缔约、履行过程中的各种认知、情感、经验等方面的经验和缺陷都比书斋中的学者把握得更为精确，能更为精准地提炼非法律专业人士在缔约、履约等合同全生命周期中常见的误区，并能有的放矢，提出可操作性强的各种暖心提示。

本书作者在合同非讼和诉讼方面经验丰富。本书的写作既是总结作者自身长期从事合同法专业的各种实践经验，为同行提供有用的参考，更是在于通过深入浅出、简明易懂的表达方式，为社会公众提供合同缔结、履行、终止、违约责任等领域的法律建议，提醒当事人未雨绸缪，注意哪些缔约事项；在履行等方面出现问题时，应当如何依法维护自己的权益。本书的实用价值不可小觑，它为企业和个人提供的防范纠纷策略，很具有借鉴意义。非法律专业人士通过阅读本书，能了解如何避免以及如何应对合同纠纷。

在社会日益复杂、社会成员彼此的依存度不断提升的今天，合同的意义日益凸显，合同法也日益专业，其很多制度和规则已超越了传统合同的自然法属性。在这种社会背景下，对非法律专业人士而言，本书更值一读。

谢鸿飞<br>中国社会科学院法学研究所研究员

# 合同纠纷解决之道：从预防到解决的综合指南

"一部民法典，半部合同编"，合同法作为民商法的重要组成部分，既是规范市场交易的基本法律，也是市场经济发展的有力保障，《最高人民法院关于适用〈中华人民共和国民法典〉合同编通则若干问题的解释》于2023年12月5日正式施行，京师律所（全国）合同法专业委员会也恰在此时成立。鉴于李文玲律师在专业上的孜孜追求以及在合同领域的实践经验，其被推选为京师律所（全国）合同委副主任，为京师律所（全国）专业化发展做出应有的贡献。

本书是李文玲律师多年的执业经验总结，值得一读。其凭借丰富的实践经验，对合同纠纷的各个方面进行了深入浅出的解析。无论是合同的签订、履行还是解除，都有详尽的法律建议和案例分析。对于那些在商业活动中容易出现的纠纷问题，本书更是提供了实用的解决策略。值得一提的是，本书不仅提供了法律层面的建议，还从实务角度出发，为企业和个人提供了防范纠纷的策略。通过阅读本书，读者不仅能够了解到如何应对纠纷，还能从中学习到如何更好地预防纠纷的发生。无论是对于法律工作者、企业法务，还是普通读者，都具有极高的参考价值。它不仅能够帮助读者解决当前的纠纷问题，更能为未来的商业活动提供有力的法律保障。

刘建忠

京师律所（全国）合同法专业委员会主任

# 自　序

作为一名在律师行业摸爬滚打了十多年的律师，回首自己走过的路，笔者经常想应该在合适的时候总结一下这么多年的办案经验，既可以发现自己的不足，也能够为律师同行及法律工作者们提供一些可以借鉴的经验和教训。经过近一年的思考和整理，笔者梳理出了一些具有代表性的案例，以期与读者们共飨。

本书主要摘取了笔者办理的众多合同纠纷中部分典型的案例，尽可能地总结办案中的一些实务技巧和策略。同时，在每一个案例后，都总结了该类合同纠纷的司法判例、相关法律法规、风险防范措施、模板等，为类案的处理提供了宝贵的参考经验，具有一定的实践指引价值。本书所选案例涉及股权转让合同纠纷、建设工程施工合同纠纷、买卖合同纠纷、租赁合同纠纷、服务合同纠纷、借款合同纠纷，以及其他类型的合同纠纷等。

近年来，随着中小微企业在我国经济发展中的作用越发显著，企业经营中的合同管理也越来越重要，相关的合同风险防范体系也应及时建立。除外部专业律师帮助企业建立合同管理的合规体系外，企业内部法务的重要性也日益凸显。本书对于企业可能涉及的典型合同纠纷案例，在案情、争议焦点分析以及代理律师的办案心得、涉及的法律法规等方面都进行了详细的介绍。通过阅读本书，读者不仅可以还原一个个鲜活的案件现场，还可以从法官和律师的双重角度感受案件的核心争议、代理思路和裁判思维等。

此外，笔者一直认为，法律是一门科学，也是一门技术，好的法律需要在实践中发挥价值，这正是律师存在的意义，能否为每一个案件尽力寻找合适的解决方案，是衡量律师是否称职的标准之一。

本书在撰写过程中得到了张小龙律师、柯路尘律师的大力支持，在此表示衷心感谢！

李文玲

# 目　录

## 第一章　股权合同纠纷

重金投资电影血本无归，普通投资人如何维权 …………… 002
股权合同纠纷实务解析 ……………………………………… 013
因合伙而形成的借贷关系 …………………………………… 027
融资租赁和借贷关系如何区分 ……………………………… 036

## 第二章　企业合同纠纷

发包人拖欠工程款，施工单位如何维权 …………………… 048
租赁合同还是分期付款买卖合同 …………………………… 058
仲裁协议效力问题大有文章 ………………………………… 064
买卖合同中逾期付款违约金规则适用要点 ………………… 071
刑事案件追赃期间能否提起民事诉讼 ……………………… 080
预约合同实务案例解析 ……………………………………… 087

## 第三章　生活合同纠纷

自由职业者如何维护自身合同权益 ………………………… 100

消费欺诈在二手车交易中的认定与应对方法 …………… 108
民间借贷纠纷办案心得 ………………………………… 117
租房套路深，租户易踩坑——房屋租赁合同纠纷 …… 123
承租房屋水管爆裂谁来担责 …………………………… 131
劳动争议解决之道：律师手记与策略分享 …………… 138
实质保险人和名义保险人分离时主体资格的认定 …… 146
律师费可否由违约方承担 ……………………………… 153

# 第四章　网络合同纠纷

委托专业公司制作短视频，没有任何效果还被起诉违约 …… 162
网络直播经济合同纠纷办案要点 ……………………… 169
在闲鱼平台上认识卖家后通过微信购物能主张消费者权利吗 …… 176

# 附录　常见合同模板

一、《合伙经营协议书》模板 ………………………… 186
二、《仲裁协议》模板 ………………………………… 191
三、《买卖合同》模板 ………………………………… 192
四、《房屋租赁合同》模板 …………………………… 196
五、《劳动合同》模板 ………………………………… 201
六、《财产保险合同》模板 …………………………… 208
七、《融资租赁合同》模板 …………………………… 215
八、《借款合同》模板 ………………………………… 218
九、《股权转让协议》模板 …………………………… 220
十、《视频制作合同》模板 …………………………… 223

# 第一章 股权合同纠纷

# 重金投资电影血本无归，普通投资人如何维权

### 案件背景

自2010年以来，中国电影市场蓬勃发展。全国影院的银幕数从2012年仅有1万余元到2021年已达8万余元[①]，全国电影总票房也从2010年的100亿余元飙升至2019年的642亿余元[②]。在此期间爆款频出，如2012年中等成本的喜剧片《人再囧途之泰囧》斩获12.70亿元票房，2015年的《捉妖记》票房高达24.34亿元，不少投资者都因此赚得盆满钵满。

但电影制作具有高投资、高回报、高风险的特点，且资金回笼周期较长。影视公司为抓住风口拍摄更多电影，便想方设法地通过各种渠道筹集资金，于是民间电影投资这一新模式应运而生。简单地说，民间电影投资就是普通投资者出资认购一部电影的版权份额，待电影上映后，再根据个人的投资比例进行分红的投资模式。

本是双赢的投融资模式，在实践中却渐渐变了味儿。笔者发现，近年来影视投资类合同纠纷案件屡见不鲜，有些甚至涉嫌合同诈骗罪、非法集资罪、诈骗罪等刑事犯罪。原因为何？为了拨开层层迷雾，笔者根据办理的这起案件，结合影视行业的实务经验，为读者提供参考意见。

### 案情简介

老张是一名忠实影迷，平时观看了大量影片。在2019年底的一次饭

---

[①] 参见人民网：《中国电影这十年：用银幕礼赞时代 以精品奉献人民》，https：//baijiahao.baidu.com/s? id=1744630743462424897&wfr=spider&for=pc，最后访问时间：2025年2月25日。

[②] 中国电影数据信息网，https：//www.zgdypw.cn/，最后访问时间：2025年2月25日。

局中，老张得知朋友小李前段时间投资了一部电影赚了不少钱。本就喜欢电影的老张手头也有一些积蓄，想到近年来不少电影动辄几十亿元的票房，老张心动了。

在小李的介绍下，老张前往影某公司详细了解情况。影某公司位于市中心高档写字楼，大厅内陈列了印有多部大片海报的易拉宝，墙上还挂有不少装裱精致的文件，都是与知名公司、电影的合作协议。

客户经理向老张介绍了一部正在筹拍的电影，称该公司拥有该片在中国境内及海外的版权，以及广告、宣传、发行的权利，是该电影的出品人。该电影投资26000万元，由著名导演拍摄，主演都是知名影星，还是这两年热门的喜剧题材。

该客户经理还表示，这部电影目前热度很高，释放出来的投资份额目前已所剩无几，想投资要尽早。老张出于谨慎，提出了不少关于电影行业的问题，该客户经理都给出了详细的解释，甚至告诉老张怎么判断这部电影能不能赚钱，能赚多少钱。

看老张还在犹豫，该客户经理拿出了一张表格，详细告诉老张票房到多少分别能赚多少钱，甚至当场拿出一份已经盖好章的投资协议，老张如果有意向，签个字、捺个手印就能生效了。

该客户经理的专业程度和对朋友的信任让老张拿定了主意。第二天，在翻阅了影某公司提供的一些证明文件后，老张与影某公司签订了《某院线电影项目合作投资协议书》。该协议书载明：影某公司是该院线电影的投资制作方，拥有电影在中国境内及海外的版权。影片估值26000万元，老张自愿投资60万元用于影片制作，老张的投资占影片项目总额的0.23%，老张按比例对电影收益进行分成。

第二年，该片如期上映，老张也第一时间购票在电影院欣赏自己参与投资的电影，但在观看过程中老张发现该电影制作粗糙，并不像影某公司宣传的那样是"大制作"。抱着侥幸心理的老张又观察了几日，但该电影的票房收入非常不乐观，上映一周总票房才8000多万元。

老张慌了，联系影某公司询问电影能否分红，何时发放分红？影某公司表示，虽然电影票房表现暂未达到预期，但还有其他发行渠道，会尽量发放分红。经多次催促，老张终于收到第一笔1.2万元的回款，但后续再未收到任何分红。并且老张再也无法联系到影某公司的相关工作人员。于是老张找到笔者准备通过法律手段维权。

### 办案复盘

2020年上半年，老张委托笔者提起诉讼。在接受老张的委托后，笔者首先对案件事实进行调查。经查，该电影公开的投资人和出品人信息中均无影某公司。该电影的实名认证微博也发布过一则盖有制片方某某影视传媒有限公司印章的《声明》，内容为："我司从未自行或授权任何第三方以我司或该电影的名义对公众进行众筹、融资。"

笔者分析，影某公司可能存在两种情况：一是其根本就没有该电影的投资权，与老张签合同只是其实施诈骗的手段，目的就是骗取老张的财产，那么其行为就涉嫌刑事诈骗。二是其确实有该电影的部分收益权，但是没有将其进行分发等的权利，那么其行为则是以欺骗手段编造事实，使老张陷入错误认识而作出错误意思表示，属于民事欺诈。为尽快维护老张权益，笔者立即代老张向法院提起民事诉讼，以受欺诈为由，要求撤销合同、返还投资款并赔偿相应利息损失。

在法院诉讼阶段，笔者得知影某公司在该法院就该电影还涉及的其他诉讼正在进行。经查，影某公司提供的投资合同是真实的，影某公司确实向该电影的出品方购买了20%的投资份额，属于该电影的联合出品方，但是其和出品方签订的投资合同明确约定，不得将该20%的投资份额向第三方转售。也就是说，影某公司只享有该电影的投资收益权，但无权将其再卖给老张。

原来，影某公司是通过低价购买电影的投资权，再将其拆分后以高价售卖给普通投资者，以赚取中间的差额。电影还没拍摄完成，影某公司就已经赚得盆满钵满，真是打得一手好牌。但影某公司没想到的是，自己也被电影出品人坑了，这部电影的制作相当粗糙，最终票房连投资者的本金都不够，窟窿太大实在兜不住从而引发了一系列诉讼。

查明了案件事实就好办了，虽然影某公司的行为没有达到合同诈骗罪的程度，但是以欺诈手段诱使老张签订合同是八九不离十的。根据《民法典》[①]第一百四十八条（本案审理时适用《合同法》第五十四条第二款）的规定："一方以欺诈手段，使对方在违背真实意思的情况下实施的民事法律行为，受欺诈方有权请求人民法院或者仲裁机构予以撤销。"

笔者认为，影某公司在签订合同之初就进行虚假宣传，向老张作出与投资交易相关的重大事实不相符的陈述，使老张陷于错误的认识，其目的就是使老张基于错误认识进行错误的判断，作出有违其真实的意思表示，影某公司对此具有主观恶意。故影某公司故意隐瞒事实，告知老张虚假情况，诱使老张作出错误的意思表示，构成欺诈。

最终法院裁判也支持了笔者的观点，法院认为，根据《合同法》[②]第五十四条第二款（现《民法典》第一百四十八条）的规定，一方以欺诈、胁迫的手段或者乘人之危，使对方在违背真实意思的情况下订立的合同，受损害方有权请求人民法院或者仲裁机构变更或者撤销。《最高人民法院印发〈关于贯彻执行《中华人民共和国民法通则》若干问题的意见（试行）〉的通知》第六十八条规定，一方当事人故意告知对方虚假情况，或者故意隐瞒真实情况，诱使对方当事人作出错误意思表示的，可以认定为欺诈行为。本案中，影某公司对于涉案电影项目拥有的权利基础源自与案外人签订的投资协议书。但影某公司在与老张订立本案系

---

① 本书中所用法律文件名称省略了"中华人民共和国"。
② 现已失效。

争合同前,在与案外人订立的协议中已经明确约定,影某公司未经书面同意,无权为影片引入其他投资方,明确其在履行协议项下的出资义务后享有的是在影片中"联合出品方"一位署名、"联合出品人"一位署名、"制片人"一位署名、"策划"一位署名,以及按照影某公司实际投资比例获得投资收益的权利。

根据该协议,事实上影某公司在按约履行出资义务后取得的权利仅是涉案影片的署名权和按照影某公司实际投资比例获得投资收益的权利。但在此后与老张订立的本案系争合同中,影某公司却不仅称其全程跟进影片的制作管理工作,包括但不限于开机前的筹备、前期制作、拍摄,关机后的后期制作、报审和取得公映许可证,并有义务保证电影顺利开机拍摄成片在全球范围内发行,而且称其负责影片的宣传、发行和商业开发,有权自行、联合第三方或委托第三方完成上述职责等。因此,系争合同中的约定明显与前述影某公司和案外人的协议内容不符。由于影片的票房收入是影片投资收益的主要来源之一,对于影片发行宣传的掌控会直接对影片的票房收入产生影响,而影片的发行、宣传以及相关权利又与影片的版权相关联,因此,影某公司在明知其除享有涉案影片署名权外,并不享有影片其他著作权权利的情况下,仍向老张作出与投资交易相关的重大事实不相符的陈述,从而使老张陷于错误的认识,其目的就是使老张基于错误认识进行错误的判断,作出有违其真实的意思表示,影某公司对此具有主观恶意。故,影某公司故意隐瞒事实,告知老张虚假情况,诱使老张作出错误的意思表示,构成欺诈。现老张在法定期间内行使撤销权,要求撤销双方签订的合作投资协议书,本院予以支持。鉴于被撤销的合同自始无效,且合同撤销后,因该合同取得的财产,应当予以返还,有过错的一方应当赔偿对方因此所受的损失,故对于老张要求返还已支付影某公司的合同款并赔偿相应利息损失的诉请,本院亦予支持。

**律师建议**

一、民事法律行为中关于欺诈的认定

《最高人民法院关于适用〈中华人民共和国民法典〉总则编若干问题的解释》第二十一条对欺诈作出明确定义,该条对故意告知虚假情况,或者负有告知义务的人故意隐瞒真实情况,致使当事人基于错误认识作出意思表示的,人民法院可以认定为民法典第一百四十八条、第一百四十九条规定的欺诈。最高人民法院公报案例(2015)民三终字第8号案的裁判观点认为,判断一个合同是否构成《合同法》①第五十四条第二款(现《民法典》第一百四十八条)所规定的欺诈情形下订立的合同,既要看被诉欺诈的一方是否实施了欺诈行为,也要看主张被欺诈的一方是否因欺诈而陷于错误判断,并基于该错误判断做出了违背自己真意的意思表示,二者缺一不可。

结合上述规定和司法实践可以看出,认定"欺诈"的要件主要有四点:第一,欺诈方具有欺诈的故意。也就是说,欺诈的主观状态一定是故意,而非过失,其目的就是使对方受欺诈,自己因而获得不正当利益。第二,欺诈方实施了欺诈行为。欺诈行为一般分为两种:一种是其明知真实情况,但不告诉交易对方,而是将虚假情况告诉对方。另一种是不作为,即向对方隐瞒真实情况。第三,受欺诈方因欺诈而陷入错误认识,即欺诈行为与受欺诈人的错误认识之间存在因果关系。需要注意的是,如果当事人是因自身的过失而导致的错误认识,则应当被认定为重大误解。第四,受欺诈方因错误认识而做出了错误的意思表示。

二、受欺诈而实施的民事法律行为的效力

受欺诈而实施的民事法律行为属于可撤销民事法律行为,因为欠缺法定有效要件,所以其法律效力处于不稳定状态。在被撤销之前,其效

---

① 现已失效。

力已经发生，未经撤销，其效力不消灭；在享有撤销权的一方当事人除斥期间届满或民事法律行为发生超过五年的情形下，可撤销民事法律行为行将有效；当享有撤销权的一方当事人行使撤销权后，可撤销民事法律行为的走向是归于无效。

### 三、民事欺诈与刑事诈骗之间的关系

实务中，对于民事欺诈与刑事诈骗之间的关系争议较大，有人认为，若某一个行为被认定为构成刑事诈骗，那么必然构成民事欺诈；若不构成刑事诈骗，那么就不构成民事欺诈，但这样的观点显然过于简单。对此，有学者认为：民事欺诈与刑事诈骗之间存在重大区分，应从欺骗内容、欺骗程度和非法占有目的这三个方面进行界分。具体而言，二者都是基于"欺骗行为"这个客观事实；不同之处在于，民事欺诈的行为人实施欺诈的目的是使对方当事人对交易相关的信息陷入错误认识进而作出错误的意思表示，并从中获取利益；而合同诈骗的行为人实施诈骗的目的则是非法占有并骗取对方财产，合同只是诈骗的手段。而且，从欺骗的内容来看，民事欺诈主要针对交易标的物的错误认识展开，而合同诈骗则是着眼于合同履行阶段——以不履行合同为目的而实施诈骗行为。因此，民事欺诈和刑事诈骗之间的关系应当是相互独立，而并非包含与被包含且情节加重的递进关系。据此，即使某一行为被定性为刑事诈骗，也不能当然地认为该行为也构成民事欺诈，反之亦然。

作为一家影视公司的法律顾问，笔者在与业内人士聊天时提到普通人投资电影的问题，该业内人士告诉我：在电影行业里，向普通人推销电影投资业务的，十有八九都是骗子，要么是没有份额直接来诈骗的，要么是有份额但夸大收益、哄抬价格往外卖的。因为电影投资是有信息壁垒的，好的电影业内人士抢着投资，留给普通投资人的机会非常少。本案中，影某公司利用信息壁垒，以低买高卖的形式虚报电影投资总额，将一部低成本的电影投资权高价售出，并且将一部小成本片包装成大制

作电影,老张作为资深影迷都无法辨别,更不用说普通的电影投资者了。

此外,投资电影的资金支付后,投资回款往往需要等待一年甚至更长的时间,时间周期长了,各种潜在的风险就容易发生,如电影因为质量问题无法上映,"审查"未通过导致电影下线、延播、禁播,票房惨淡等情形,甚至不少影视公司还有坏账和现金流等问题,这些都可能导致最后无法兑付投资客户的本金,票房分账就更加无从提起了。

虽然电影投资市场份额巨大,但是水很深,投资收益的大小与风险大小成正比,不了解电影行业的投资者需慎之又慎,切勿盲目跟风。在签订投资合同前,建议聘请专业律师对投资项目进行调查并全程参与合同签订,以降低风险。

## 参考法条

**《民法典》**

第一百四十八条　一方以欺诈手段,使对方在违背真实意思的情况下实施的民事法律行为,受欺诈方有权请求人民法院或者仲裁机构予以撤销。

第一百四十九条　第三人实施欺诈行为,使一方在违背真实意思的情况下实施的民事法律行为,对方知道或者应当知道该欺诈行为的,受欺诈方有权请求人民法院或者仲裁机构予以撤销。

第一百五十二条　有下列情形之一的,撤销权消灭:

(一)当事人自知道或者应当知道撤销事由之日起一年内、重大误解的当事人自知道或者应当知道撤销事由之日起九十日内没有行使撤销权;

(二)当事人受胁迫,自胁迫行为终止之日起一年内没有行使撤销权;

(三)当事人知道撤销事由后明确表示或者以自己的行为表明放弃撤销权。

当事人自民事法律行为发生之日起五年内没有行使撤销权的，撤销权消灭。

**第一百五十七条** 民事法律行为无效、被撤销或者确定不发生效力后，行为人因该行为取得的财产，应当予以返还；不能返还或者没有必要返还的，应当折价补偿。有过错的一方应当赔偿对方由此所受到的损失；各方都有过错的，应当各自承担相应的责任。法律另有规定的，依照其规定。

**《最高人民法院关于适用〈中华人民共和国民法典〉总则编若干问题的解释》**

**第二十一条** 故意告知虚假情况，或者负有告知义务的人故意隐瞒真实情况，致使当事人基于错误认识作出意思表示的，人民法院可以认定为民法典第一百四十八条、第一百四十九条规定的欺诈。

**《最高人民法院关于适用〈中华人民共和国民法典〉合同编通则若干问题的解释》**

**第五条** 第三人实施欺诈、胁迫行为，使当事人在违背真实意思的情况下订立合同，受到损失的当事人请求第三人承担赔偿责任的，人民法院依法予以支持；当事人亦有违背诚信原则的行为的，人民法院应当根据各自的过错确定相应的责任。但是，法律、司法解释对当事人与第三人的民事责任另有规定的，依照其规定。

## 案例延伸

**一、（2015）民三终字第 8 号**

本院认为，因受欺诈而违背自己真实意思订立的合同之所以可以被变更或撤销，是因为该类合同的订立有违意思自治原则。意思自治，一方面意味着民事主体有权在法律规定的范围内，依其意思自由创设、变更、终止民事法律关系；另一方面意味着其须为自己创设、变更、终止民事法律关系的行为承担责任。但"责任"须以"真意"为前提和范围，民事主体不应为并非自己真意，或超出自己真意范围的意思表示承担责任。因此，判断一个合同是否构成《合同法》①第五十四条第二款所规定的欺诈情形下订立的合同，既要看被诉欺诈的一方是否实施了欺诈行为，也要看主张被欺诈的一方是否因欺诈而陷于错误判断，并基于该错误判断做出违背自己真意的意思表示，二者缺一不可。若被诉欺诈的一方本就未实施欺诈行为，合同自然不能因欺诈而予以变更或撤销；但即便被诉欺诈的一方实施了欺诈行为，只要另一方未因欺诈而陷于错误判断，其意思表示仍与表意方真实意思相符，那么合同的订立并不违反意思自治原则，该合同也就不能因此而被变更或撤销。故，在本案中，判断涉案合同是否构成一方以欺诈的手段使对方在违背真实意思的情况下订立合同，必须从两个方面予以分析：一是北某大学是否实施了欺诈行为；二是钦州锐某公司是否因受欺诈而陷于错误判断，并在此基础上做出违背其真意的意思表示。

**二、(2022) 京 02 民终 7541 号**

本院认为，本案中，孙某玲为获取投资收益，与尚某公司签订《转让协议》，投资 100 万元受让尚某公司对涉案电影的部分收益权。协议约定涉案电影预计在 2019 年 12 月 31 日前全国公映，如遇档期调整等对影片票房有益的调整，可前后延长最多不超过六个月。影片上映后遭遇不可抗力，票房收入受到影响，孙某玲只收回 53123.17 元，现孙某玲以涉案电影未能在协议约定的公映期内正常上映，经网络查询才知尚某公司不是涉案电影发行人，其工作人员为非法融资获利，故意隐瞒事实、虚假宣传票房收入，违法转让涉案电影影视作品份额收益权，诱使孙某玲产生错误认识，违背真实意愿与尚某公司签订《转让协议》，构成欺诈为由，请求撤销该协议、尚某公司返还其投资并支付利息。但孙某玲并

---

① 现已失效。

未提交证据证明尚某公司对其实施了欺诈行为，应承担举证不能的不利后果。且涉案影片公映时遭遇不可抗力是导致本案纠纷的直接原因。根据《转让协议》的约定，尚某公司声明与保证其就影片的票房收益不作任何承诺，仅依据真实票房情况进行收益分配，孙某玲声明与保证其具备相应风险识别能力和风险承受能力，其已明确知道其购买的收益权份额为溢价购买尚某公司持有的本项目的部分收益，是经过其充分评估市场风险后慎重决定的。故，孙某玲要求撤销《转让协议》、尚某公司返还其投资款并支付利息没有事实和法律依据，一审法院不予支持处理正确。一审中，尚某公司自愿支付孙某玲票房分账款，系其自行行使权利。现孙某玲仍持一审诉讼主张提起上诉，亦无合理依据，本院不予支持。

# 股权合同纠纷实务解析

## 案件背景

近年来,伴随着"大众创业、万众创新"的兴起,我国商事主体数量呈井喷式增长,与此相关的纠纷也逐年增多。笔者统计了某案例数据库的17000多件公司类纠纷案件后发现,股权转让类纠纷以46%的占比位居榜首。笔者近期代理的一起案件就涉及该案由,故借此机会梳理股权转让中的几种高频次法律纠纷,并探讨此类案件的争议解决办法。

## 案情简介

2017年,张某与任某共同认缴出资480万元成立某汽车配件公司,双方各占50%股权。张某因身份问题无法显名持有股份,故由任某代持其全部股份,工商登记时仅显示任某持有100%股权。公司成立后,张某与任某一直在为公司的生产资质和生产设备进行筹备工作。2019年,公司筹备工作基本完成,张某、任某与葛某签订了《股权转让协议》,约定张某、任某各转让20%股权给葛某,由葛某任公司法定代表人,葛某占40%股权,张某、任某各占30%股权。葛某则需分别支付张某、任某股权转让款60万元。后,葛某又与任某签订《股权转让协议二》,约定任某将全部股权转让给葛某,葛某支付任某股权转让款人民币100万元,双方此前签订的《股权转让协议》作废。

葛某在分别向张某、任某各支付10万元首笔股权转让款后,公司办理了工商登记变更,变更后的股权显示为:葛某占70%股权,张某占30%股权。但此后葛某一直拒绝支付张某剩余的50万元股权转让款,张某无奈将其诉至法院。葛某辩称：（1）工商登记显示，自己的股权来源是任某，与张某无关。（2）三方签订的协议虽然名义上是股权转让，但实际是公司资产转让，自己出资对任某的公司进行整体资产收购，收购款已经支付给任某，因此自己不应该再向张某支付剩余的50万元股权转让款，张某应另行向任某主张权利。直到张某出示了三方签订的《股权转让协议》以及张某和任某签订的《股权代持协议》，葛某才不得不认可其与张某签订的《股权转让协议》，同意支付剩余的50万元股权转让款给张某。

**办案复盘**

### 一、商事外观主义对股权转让的影响

商事外观主义，是指当行为人的公示事项与事实不符时，交易相对人可依外观公示主张权利。商事外观主义着眼于对商事交易行为的合理推定，其目的在于保护不特定第三人的利益和社会交易安全。实务中常有因商事外观与事实不符而引发纠纷的情形，本案中葛某主张应当将工商登记作为股权变更的依据便是商事外观主义的体现。

但若仅依据工商登记的外观来确认葛某股权的来源而否认三方签订的《股权转让协议》，则张某的合法权益将难以得到维护。《全国法院民商事审判工作会议纪要》指出："外观主义是为保护交易安全设置的例外规定，一般适用于因合理信赖权利外观或意思表示外观的交易行为。实际权利人与名义权利人的关系，应注重财产的实质归属，而不单纯地取决于公示外观。"《全国法院民商事审判工作会议纪要》开篇还指出："通过穿透式审判思维，查明当事人的真实意思，探求真实法律关系。"由此可见，对商事争议进行实质审查是民商事审判的大势所趋。笔者认为，本案中，依据张某提供的证据，可以充分认定股权受让人葛某有20%的股权来源于持有50%股权的隐名股东张某这一事实。本案应以股

权的实质归属为准，而非仅依据工商登记的外观得出结论。最终法院亦支持了笔者的观点。

## 二、股权转让与资产转让的区分

股权转让与资产转让的区分也是实践中的难点问题。在该案中，葛某亦提供了一些证据，试图证明三方签订的是资产转让合同，自己出资的目的是购买任某在公司筹备期间购置的机器设备、生产资质等资产，与张某无关，故无须向张某支付款项。那么这两者有何差异？首先，出让主体不同，股权转让的主体是股东，资产转让的主体是公司。其次，出让标的不同，资产转让出让的是商铺、字号、设备等资产，但不发生股东资格的变化；股权转让出让的是股权，股东资格必然发生变化。实践中，有时会出现实际为资产转让而签订了股权转让协议因而发生争议的案件。本案中，虽然三方对资产交接事宜有约定，但合同的主体是股东，主要内容为股权比例变更等，故葛某的主张难以被支持，该合同应当被认定为股权转让而非资产转让。

## 三、代持协议的有效性

股权代持，是指实际出资人与名义股东约定，由实际出资人出资，名义股东代实际出资人在股东名册上显名的行为。本案事实上也存在股权代持问题，公司开设之初，由于张某身份问题无法显名，故张某的股份由任某代持，在张某符合显名条件时，三方即签订了股权转让协议，葛某通过受让任某、张某的股权成为公司股东。《最高人民法院关于适用〈中华人民共和国公司法〉若干问题的规定（三）》发布后，股权代持的有效性已经得到广泛认可。笔者认为，相关法律对股权代持协议有效性的认可，亦是商事审判中对真实法律关系的穿透式审查优先于外观主义的体现。本案中，虽然股权代持协议签订时被代持人张某的身份有一定瑕疵，但该瑕疵亦未影响法院对该协议有效性的认定。

**律师建议**

**一、有限责任公司的"人合性"与"资合性"**

本案中,股东和外来投资者间因股权转让产生了重大纠纷,虽然经过法院审理,问题得到一定程度的解决,但公司经营仍然受到极大的影响,股东之间亦几乎失去了继续合作的可能性。究其根本是有限责任公司兼具"人合性"与"资合性"的特点,其中人合性决定了股东之间很可能发生冲突,特别是投资人的进入常会突出和激化公司内部治理的缺陷与矛盾,从而引发纠纷。

虽然《公司法》及相关司法解释均未对"人合性"作出明确解释,但其概念却贯穿股权转让纠纷始终。笔者发现,相关案件的法院裁判常有如下表述:"基于有限责任公司封闭性和人合性的特点,由公司章程对公司股东转让股权作出某些限制性的规定,系公司自治的体现……"究竟何谓人合性?根据北京大学法学院刘凯湘教授的解释:人合性,一方面指股东的个人信用,既可体现为股东个人的财资实力,又可体现为股东的口碑信誉;另一方面指公司内部股东彼此间融洽的、志同道合的合作志趣、氛围。前者重点指向"人",后者重点指向"合",合二为一即为人合性。

与人合性对应的概念则是资合性。两者的区别旨在解决不同公司类型应由谁承担责任的问题。合伙公司是典型的人合性公司,股份有限公司是典型的资合性公司,而有限责任公司则两者兼具。在有限责任公司类股权转让纠纷中,需要准确把握两者的边界和尺度,以探求公平正义的裁判结果。

(一)侵犯优先购买权的股权转让合同的效力

有限责任公司股东优先购买权是其人合性的重要体现,《最高人民法院关于适用〈中华人民共和国公司法〉若干问题的规定(四)》第二十一条第一款规定:"有限责任公司的股东向股东以外的人转让股权,未就其股权转让事项征求其他股东意见,或者以欺诈、恶意串通等手段,损害其他股东优先购买权,其他股东主张按照同等条件购买该转让股权的,人民法院应当予以支持……"在以往的司法判例中,不少法院会依此条的规定,以保护其他股东优先购买权为由认定侵犯其他股东优先购买权的股权转让合同无效。

但《全国法院民商事审判工作会议纪要》对此指出:"既要注意保护其他股东的优先购买权,也要注意保护股东以外的股权受让人的合法权益……一方面,其他股东依法享有优先购买权,在其主张按照股权转让合同约定的同等条件购买股权的情况下,应当支持其诉讼请求……另一方面,为保护股东以外的股权受让人的合法权益,股权转让合同如无其他影响合同效力的事由,应当认定有效。"(2017)京民终796号判决亦认为,股东向股东以外的人转让股权应经过其他股东过半数同意、其他股东在同等条件下享有优先购买权,是公司法为维护有限责任公司的人合性而赋予股东的权利,但该规定是对公司内部行为的约束,不影响与股东外第三人之间股权转让合同的效力……

因此,如出现股东行使优先购买权致使股东以外的股权受让人关于继续履行股权转让合同的请求不能得到支持的,则受让人可以依据有效的股权转让合同要求转让股东承担违约责任。

(二)股东出资瑕疵时的股权转让合同的效力

出资瑕疵主要包括股权转让方出资不实或抽逃出资、公司债务或经营情况未如实披露等情形,从而导致标的股权价值虚高,受让方以欺诈等理由诉请合同无效或转让方承担瑕疵责任。此类纠纷的源头是受让人在股权转让前期审查不足,导致股权转让履行过程中或履行后产生争议。

业内对此类纠纷持三种观点:第一种观点从保护公司、债权人、受让人合法利益角度出发,认为瑕疵股权不能转让,转让合同无效。第二种观点认为，虽然股东瑕疵出资使股权有瑕疵，但如能采取措施使其成为完整股权，那么合同应当有效，即瑕疵股权可以有条件转让。第三种观点认为，出资瑕疵不影响股权转让合同效力。

笔者倾向于第三种观点，因为股权转让关系与瑕疵出资股东补缴出资义务分属不同法律关系，瑕疵出资股权不影响股权转让合同的效力。商事活动不同于一般民事活动，参与方更应尽到审慎义务，严格审查、充分尽调、避免轻信。（2019）最高法民终230号裁判亦采取第三种观点，即……股东出资不实或者抽逃资金等瑕疵出资情形不影响股权的设立和享有。本案中，曾某已依约……履行了股权转让的合同义务。华某公司通过股权受让业已取得目标公司的股东资格，曾某的瑕疵出资并未影响其股东权利的行使。此外，股权转让关系与瑕疵出资股东补缴出资义务分属不同法律关系。故，华某公司以股权转让之外的法律关系为由拒付股权转让价款缺乏法律依据。

### （三）未经配偶同意的股权转让合同的有效性

夫妻关系存续期间，登记在夫或妻一方名下的股权，如未经双方一致同意，具有股东资格的配偶擅自进行股权转让，则合同效力如何认定？传统观点认为，此合同属于效力待定的合同，适用善意取得制度，即如果权利人追认此合同或无权处分人订立合同后取得处分权，则此股权转让合同有效；否则，合同无效。但受让人能证明自己是善意的除外，即当受让人不知道也不应知道该股权为夫妻共同股权而善意地受让了转让人的股权时，为了保护交易安全和善意第三人的合法权益，适用《民法典》第三百一十一条善意取得制度，此股权转让合同有效。例如，（2007）民二终字第219号认为，王某已举证证明自己为善意第三人，此时有足够的理由相信被告梁某有代理权，而且被告王某已向被告梁某支付了4944万元的股权转让款，有偿支付了对价，变更了金某岸公司的股东手续……所以股权转让合同书是双方当事人的真实意思表示，内容不违反法律法规，为有效约定。

但近年来裁判观点发生了变化。(2014) 民二终字第48号判例认为，股权属于商法规范内的私权范畴，其各项具体权能应由股东本人独立行使，不受他人干涉。股权转让主体是股东本人，而不是其所在的家庭，并非必须征得其配偶的同意。未经配偶同意签订的股权转让协议，并非必然无效。

笔者认为，股权作为特殊的财产权，除财产权益外，转让的实质是股东身份的转让，与股东的个人社会属性及其特质、品格等密切相关，是公司人合性的重要体现。对于夫妻关系存续期间夫妻一方所取得的股权，如依法确认具有夫妻共同财产性质，则非股东配偶所应享有的是股权所带来的价值利益，而非股权本身。股权属于商法规范内的私权范畴，其各项具体权能应由股东本人独立行使，不受他人干涉，故夫或妻单方签订的转让合同效力应当有效，至于对另一方造成的损失应另求解决途径。

笔者建议，为避免此类争议，出让夫妻共有股权有必要征得配偶同意。受让方在签署股权转让协议前应当要求转让方提供配偶同意转让的书面文件或者授权委托书。

**二、股权流转交易流程风险防范**

笔者认为，为防范股权流转过程中可能出现的风险，有限责任公司的股东在对外进行股权转让时应当规范股权流转交易流程，合法合规防控风险。

1. 交易双方应当委托专业人士以书面形式规范订立股权转让合同。

2. 股权转让方应遵循诚实信用原则，如实、全面、完整地披露其出资信息、经营及财产状况，严格按照公司章程及法律法规，保障其他股东的知情权及优先购买权，并应确保股权权属清晰、流转畅通。

3. 股权受让方应尽充分的审慎义务，对目标公司、转让方的法律、财务尽调，重点关注转让方转让标的股权是否受到限制，如是否存在质押、司法冻结及与其他第三方之间的对赌、回购协议等情形；还应对目标公司的章程、资产、负债等情况进行充分调查，对拟交易的股权进行价值评估，并要求转让方提供其他股东同意股权转让及放弃优先购买权的相应证据，涉及夫妻共同财产的，应要求转让方提供配偶同意转让的书面文件或者授权委托书；严格审查股权转让方的出资证明书、股东名册、工商登记等证明文件。

4. 股权转让合同履行完毕后，双方应及时办理相应的股权工商变更登记。

在实践中，当事人对合同的前期准备工作重视不够，对合同履行中可能出现的问题缺乏足够的预见和判断，从而导致自己面临合同履行障碍。虽然当事人不一定完全缺乏法律知识，但如果缺少专业律师的前期介入，则在协议签订后也会导致不利后果。

股权转让，是指转让人将其所拥有的股权转让给受让人，支付对价并办理完毕工商变更登记手续后取得股权。随着市场的发展和变化，很多公司发生股东变更，不少股东为了避免自身权益受损选择将自己所拥有的股权转让出去。在这种情况下，如何保障自身权益呢？

（一）审查转让方的主体资格

1. 我国公司法规定，有限责任公司的股东仅以其认缴的出资额为限对公司承担责任，而不是对公司本身承担责任。因此，受让方应当审查转让人是否为公司的股东。

2. 在股权转让合同签订之前，要求转让方提供其主体资格证明，一般包括营业执照、身份证件、法定代表人身份证件等材料，以确认其为真实的转让主体。

3. 要注意审查股权转让是否经过法定程序，需变更登记而未经变更登记的，应要求其提供主管部门出具的变更登记的证明文件。

4. 要注意审查股权转让合同是否存在其他潜在纠纷，以免在合同履行过程中因转让方违约而导致股权转让无效，给受让方造成损失。

5. 要注意审查转让方是否为法律所规定的完全民事行为能力人。

(二) 签订正式的股权转让合同

根据原《合同法》第五十四条第二款（现《民法典》第一百四十八条）之规定，一方以欺诈手段，使对方在违背真实意思的情况下实施的民事法律行为，受欺诈方有权请求人民法院或者仲裁机构予以撤销。关于欺诈的法律后果，原《合同法》则区分欺诈行为是否损害国家利益而分别规定，如损害国家利益，则无效；如不损害，则为可变更或者可撤销。《民法典》总则编采纳了将欺诈的后果规定为可撤销。因此，股权转让合同必须是双方当事人的真实意思表示。如果一方违反法律规定或损害国家利益而签订了股权转让合同，那么即使其他当事人履行了全部义务并获得生效判决确认，该合同也是无效的。在实践中应注意以下问题。

1. 在签订合同时要对合同条款进行仔细研读和斟酌。合同一经签订即具有法律效力，对双方都有约束力。因此，双方在履行过程中必须严格遵守，不得随意变更或者解除。

2. 明确股权转让的相关手续和程序。为保障交易顺利完成、降低交易风险及成本、提高效率等，对股权转让应进行必要的工商变更登记手续和财务审计等。

3. 约定违约责任和争议解决方式。在签订合同时，将可能发生的纠纷确定为违约责任，并明确约定双方不履行或不适当履行时所应承担的责任形式。

(三) 约定违约责任与损害赔偿范围

合同中必须约定违约金、损害赔偿金的计算方法及数额，并对预期利益进行预测，以确定对方当事人的损失金额。例如，违约金一般是以合同总价款为基数，按日万分之五计算；赔偿金一般是以实际损失为基数，按日万分之五计算。在这两种情况下，可以请求法院或者仲裁机构予以增加或者减少。

实践中，当股权转让合同的一方当事人没有完全履行义务时，守约方可以请求法院或仲裁机构追加违约方为被执行人。因为追加被执行人并不意味着不履行生效判决或仲裁裁决的一方必须实际履行判决或仲裁裁决确定的义务，而是给另一方一个"补救"的机会。

但如果协议中没有明确约定违约责任或者损害赔偿范围（如约定股权转让款或者违约金），那么守约方可能不会轻易以此为依据而申请法院追加违约方为被执行人（如公司或股东）。

（四）办理公司登记变更手续

如果公司出现股东变更，则股权转让也会随之发生相应变化。由于公司作为经营场所，具有封闭性，在公司股东发生变更时，是否需要通知其他股东并经其同意成为公司股权转让协议纠纷的常见问题。但值得注意的是，当实际权利人因各种因素不愿为第三人所知晓或者无权代表其意思表示时，则第三人有权主张其为合同相对方。因此，在股权转让协议中明确约定受让人应承担通知义务和确认权的行使方式。

（五）约定股权转让款的支付期限和方式

支付股权转让款是股权转让的一个重要内容，但《公司法》第五十三条第一款规定："公司成立后，股东不得抽逃出资。"因此，对受让人而言，其可支付全部或者部分股权转让款。但由于其他股东或公司的债权人对此有异议，为保护自身的权益，受让人可在协议中约定将股权转让款的一部分或者全部支付给第三人。另外，在付款方式上也应该注意以下问题。

1. 必须以现金支付。若以转账、刷卡等形式支付，则可能会被认定为股权转让款未到位而影响合同生效。

2. 付款应通过双方公司账户进行。

3. 付款方式为转账时注明付款用途及金额。

4. 不能仅以公司账户作为付款账户，否则可能会被认定为未完成支付。

通过以上分析可以看出，在签订合同时当事人应该重视前期准备工作并对可能发生的风险进行预估与防范，这样才能有效避免日后发生争议甚至是诉讼。

及时行使合同权利，积极与转让方沟通解决纠纷，避免损失扩大。

很多当事人认为，在诉讼中判决的结果才是最重要的，但如果不及时行使合同权利，则可能会使合同双方的纠纷持续下去，而且诉讼中对事实的认定也存在困难。比如，股权转让合同在履行过程中出现了纠纷，对此应当如何处理？首先，双方当事人应当协商解决争议；如果协商不成，则应及时向人民法院起诉。其次，法院会根据案件具体情况判断是否应中止诉讼程序。最后，双方当事人可以考虑通过调解解决纠纷。如果股权转让合同中对违约责任没有明确约定，则可考虑适用公平原则处理纠纷；如果股权转让合同中已经明确约定违约责任的适用条件和计算方式，则应按该约定来确定各方责任大小。

（六）重视合同的前期工作和专业律师的作用，充分维护自身权益

我们需要明确一点，任何交易都是有风险的，即使是专业律师提供法律帮助也不能保证每个交易都能够一帆风顺，我们需要在了解合同的基础上充分利用自身的能力去维护自身的合法权益，而不能仅寄希望于专业律师提供的法律帮助。

**参考法条**

《公司法》（2023 年修订）

**第八十四条** 有限责任公司的股东之间可以相互转让其全部或者部分股权。

股东向股东以外的人转让股权的，应当将股权转让的数量、价格、支付方式和期限等事项书面通知其他股东，其他股东在同等条件下有优先购买权。股东自接到书面通知之日起三十日内未答复的，视为放弃优先购买权。两个以上股东行使优先购买权的，协商确定各自的购买比例；协商不成的，按照转让时各自的出资比例行使优先购买权。

公司章程对股权转让另有规定的，从其规定。

**第八十五条** 人民法院依照法律规定的强制执行程序转让股东的股权时，应当通知公司及全体股东，其他股东在同等条件下有优先购买权。其他股东自人民法院通知之日起满二十日不行使优先购买权的，视为放弃优先购买权。

## 案例延伸

**（2021）苏 02 民终 3520 号**

本院认为，夏某南在奥某雅公司实际欠款已获清偿的情况下，无权再要求訾某平返还奥某雅公司股权。

根据案涉《股东协议》第四条第一点及五方《协议书》第五条第一点的字面意思理解，在新某公司未能成功收购奥某雅公司的情况下，夏某南有权要求訾某平返还奥某雅公司股权，訾某平未能按约定时间返还股权时，夏某南有权直接向訾某平追偿，并要求奥某雅公司、熊某玲承担连带保证责任，但如夏某南选择直接向訾某平、奥某雅公司、熊某玲追偿且已获清偿时，则不能再要求訾某平恢复奥某雅公司的股权。按照上述条款的约定，新某公司最终未能成功收购奥某雅公司时訾某平负有的义务是，在新某公司放弃收购 10 日内恢复夏某南的股权并全额承担工商变更登记费用，且需明确奥某雅公司结欠夏某南的款项按照协议约定的实际欠款金额确定。但是，双方又明确，如訾某平不履行上述股权恢复的义务，则夏某南有权直接向訾某平追偿，并要求奥某雅公司、熊某玲承担连带保证责任。因此，夏某南如在訾某平未能按约定时间返还股权的情况下直接向訾某平、奥某雅公司、熊某玲追偿，则实际上是选择由訾某平等就不能按时返还股权承担相应违约后果。在訾某平、奥某雅公司、熊某玲承担上述违约后果时，实际是以金钱给付的形式替代訾某平履行股权返还的义务。据此，上述条款约定的"否则"应是"如訾某平不返还股权"，则"夏某南有权直接向訾某平等追偿"，是前因与后果的关系，而非"返还股权"和"直接向訾某平等追偿"并列存在。案涉《股东协议》第四条第一点第二款约定，"在以上情况下，若是因上述四位中的某一位不配合而造成訾某平未能恢复其在奥某雅公司股权的，訾某平及熊某玲对其无须承担任何责任。但这不影响其他股东要求訾某平对其股权的恢复以及对訾某平的追偿权利，熊某玲和奥某雅公司仍需对此承担连带保证责任"。这仅明确四位股东并未被视为一体，而是分别与訾某平、奥某雅公司、熊某玲确认权利义务，各股东权利的行使不影响其他股东选择维护权利的方式。而且，该处的"这不影响其他股东要求訾某平对其股权的恢复以及对訾某平的追偿权利"并不能理解为"股权恢复权利"以及"对訾某平的追偿权利"并列存在，而是基于"在以上情况下"的背景。

事实上，新某公司确实未能在2017年12月12日五方《协议书》约定的收购期限（180日）内完成对奥某雅公司的收购，訾某平本应于2018年6月22日前恢复夏某南在奥某雅公司的股权，但訾某平于2018年6月22日将案涉股权质押给案外人陈某峰。此时，即使存在股权质押的情形，也不影响夏某南仍有权要求訾某平恢复股权，因为股权对外质押并不意味着无法完成转让。如夏某南确实要求訾某平返还股权，但訾某平因股权已质押而无法返还，则也具备夏某南直接向訾某平等追偿的条件。当然，在上述时间段内，选择权在于夏某南，即其可以要求訾某平返还股权，也可以基于对訾某平不返还股权的认识而直接向訾某平等进行追偿。在拥有上述选择权的情况下，夏某南选择于 2019 年 4 月 4 日向法院起诉，要求訾某平、奥某雅公司、熊某玲按协议约定的奥某雅公司欠款额还款，并未要求訾某平返还股权，应视为其已接受訾某平无法返还奥某雅公司股权的事实，而转由訾某平、奥某雅公司、熊某玲替代履行。

另外，从《股东协议》及五方《协议书》的整体内容看，如新某公司以 8500 万元收购成功，且夏某南就协议确定的奥某雅公司欠款已获清偿，则夏某南是以零对价向訾某平转让奥某雅公司的股权。也就是说，即使五方《协议书》最终得到完全履行，夏某南所获得的利益也仅是奥某雅公司的欠款能得到实际清偿。当然，案涉《股东协议》虽然也约定了奥某雅公司最终出让价格超过 9000 万元的股东分配方案，但是并不改变夏某南将持有的奥某雅公司股权转让给訾某平以促成新某公司收购的方案，这仅是对于相关额外收益的补充分配原则。

因此，无论是訾某平还是奥某雅公司向夏某南实际偿还了奥某雅公司的欠款，在夏某南做出选择的情况下，案涉《股东协议》的相关权利都得到了保障及实现，现再要求訾某平返还股权，不符合双方签订案涉协议的本意。

# 因合伙而形成的借贷关系

### 案件背景

我国法律规定，个人合伙应共同投资，共同经营，共担风险，共负盈亏。但实践中时常出现一方缺少资金，另一方虽有资金但不愿承担合伙经营风险的情形，由此催生了当事人在合伙协议中约定部分出资人只收取固定利润，不承担经营风险的现象。对此，当事人之间出现争议时，法院如何裁判值得关注。

### 案情简介

李某、唐某、向某、罗某计划合伙承包某商住楼工程施工项目。2017年1月5日，四人和史某共同签订了《项目股东合作协议》，约定了各自的出资比例。2018年7月26日，李某、唐某、向某、罗某、堵某和吴某签订了《项目内部承包补充协议》，约定：项目部与公司内部承包合同及业主的施工合同的全部责任及利益由李某承担；由李某按照股东共同协议的回报比例，根据施工合同付款条件分期支付股本金和收益，并于2019年1月24日前归还李某、唐某、向某、罗某、堵某和吴某的出资本金。

唐某、向某、吴某向法院起诉，请求李某返还投资款，并按照协议约定支付投资回报。一审法院判决支持部分诉讼请求。李某不服一审判决，委托本所律师提起上诉。

**办案复盘**

虽然《民法典》已将合伙合同"有名化",但并不能依据合同名称区分合伙与借贷关系,而应当以法律关系是否违背民事合伙盈亏共担的必要构成要件作为判断的标准。同时,着重审查各方是否存在合伙协议及协议约定的具体内容,根据当事人是否参与盈余分配、实际参与经营管理等因素来综合认定合伙关系是否成立。无论是约定利润保底,还是未实际参与经营管理,抑或是在项目亏损时付款,都丧失了合伙关系之收益共享、风险共担的本质。简言之,区分合伙借贷的关键在于当事人形成的法律关系是否符合风险共担、收益共享的原则。

实务中,关于究竟由哪一方当事人承担不能结算依据的举证不力后果,存在两种不同的意见。第一种意见认为,入伙一方按照约定投入入股金,实际管理经营方有义务对股金的运营进行说明,但合伙结束后经营方不与入股方结算分红,因此在原、被告均不能提供结算依据的情况下,应由经营方承担举证不力的诉讼后果。第二种意见认为,入股一方诉求支付结算款,就应对案件事实负有举证责任,应由起诉一方(入股方)承担不能提供合伙期间账本的不利后果,在未完成其举证责任的情况下,应先行驳回其诉讼请求,由双方确认结算后,再行提起诉讼。

律师认为,本案虽表面为合伙协议纠纷,但当事人之间的约定存在一定问题,可能出现部分无效的情况。经律师梳理,各方当事人及相关案外人因涉案工程于2017年1月5日签订了《项目股东合作协议》,约定了各股东资金分配的比例,二审庭审期间,各方当事人均认可已经按照约定投入了资金,因此,该《项目股东合作协议》合法有效,各当事人及案外人之间成立合伙关系。2018年7月26日,全体合伙人又签订了《项目内部承包补充协议》,对《项目股东合作协议》进行了补充约定,其中存在"项目部投资股东除李某外全部退出工程管理"的内容。对此约定条文进行分析后，本所律师认为，该约定符合法律规定的退伙情形，应当认为唐某、向某、吴某于该协议签订之日起即退出合伙经营。此外，该《项目内部承包补充协议》还约定唐某、向某、吴某收回出资，并按出资额的141.4%收取固定投资回报，以及合作期间的全部经营风险由李某承担。经本所律师分析，该条约定应当属于保底性质条款，违背了合伙应当遵循的"共负盈亏、共担风险"的原则，损害了其他合伙人和合伙企业债权人的合法权益，与《合伙企业法》第三十三条第二款"合伙协议不得约定将全部利润分配给部分合伙人或者由部分合伙人承担全部亏损"的规定相违背。并且，上述约定在未对合伙财产进行结算的情况下退还合伙人的财产并进行高额固定利润分配，违反了《合伙企业法》第五十一条关于"合伙人退伙，其他合伙人应当与该退伙人按照退伙时的合伙企业财产状况进行结算，退还退伙人的财产份额……退伙时有未了结的合伙企业事务的，待该事务了结后进行结算"的规定，应当是无效的。

但由于唐某等人的投资款已全部到位并投入合伙项目工程前期的准备和施工之中，李某在唐某等退伙后将接管并享有合伙项目的全部权益，并且李某在《项目内部承包补充协议》中也承诺会按照唐某等的实际出资偿还本金。因此，本所律师认为，可以主张李某与唐某等之间形成了事实上的借款关系，并据此上诉，李某应当返还借款，而不是对唐某等进行利润分配。

本案进行上诉后，二审法院基本采纳了代理律师的建议，认为我方提出的"《项目内部承包补充协议》无效"的理由成立。并且，由于各方当事人并未对借款的计息时间和利润进行约定，再考虑到项目工程尚未竣工，开发商也未按照工程进度付款，法院酌定李某返还本金并按照中国人民银行同期贷款利率计算应当支付的利息。

**律师建议**

**一、合伙协议中约定部分合伙人只收取利润、不承担风险的条款是否无效**

合伙协议中约定部分合伙人只收取利润、不承担风险的，该约定属于保底条款，约定无效。因此，当事人在签订合伙协议时，协议中约定的内容要符合合伙的特征，否则易被认定为合伙关系不成立。

**二、合伙协议中约定只收取利润、不承担风险，在法律上会如何认定**

当上述情形未被认定为合伙关系时，通常易被认定为借贷关系，此种情况下当事人不能按合伙协议的约定获取固定利润，而应按借贷关系获取利息。因此，我们建议当事人在出资时，应明确是想获取利息还是想获取合伙利润，若想获取合伙利润，则切勿在协议中约定不承担合伙经营风险，否则易被认定为成立借款关系，最终只能获取相应的利息。

**三、合伙关系和借贷关系如何区分**

借贷关系，是指双方当事人口头或书面约定的特定的债权债务关系，从而产生相应的权利义务。借贷双方是否形成借贷关系，以及借贷数额、借贷标的、借贷期限等取决于借贷双方的书面或者口头协议。只要双方当事人意思表示真实即可认定借贷协议有效。借贷合同关系成立的前提是借贷物的实际支付。

合伙关系，是指两个以上公民或法人组织之间按照协议，各自提供资金、实物、技术等合伙经营、共同劳动的民事法律关系。

当事人之间成立的是合伙关系还是借贷关系，是十分重要的问题。若成立合伙关系，则当事人可以参与利润分配。因此问题而发生的纠纷在实践中十分多见，如何认定当事人之间成立的法律关系是值得注意的问题。一般就法院判决而言，当事人之间因成立合伙关系还是借贷关系而产生争议的,主张成立合伙关系的当事人应当提供投资协议、投资明细或者汇款记录等证据予以证明,主张成立借贷关系的当事人应当提供借据或者约定利息等证据予以证明。

除上述能够提供明确证据证明当事人之间关系的情形外,还存在以下特殊情形。

1. 签订合伙协议是为了清偿债权的,应当认定成立借贷关系而不是合伙关系。例如,在协议中约定,协议于债务清偿完毕时解除的,因为此类协议实际上是为了保证债务履行而签订的,所以不能认定当事人之间成立合伙关系。

2. 区分合伙关系和借贷关系的关键在于当事人是否约定了经营风险的承担。如果当事人在协议中约定了不共享收益、不共担风险,则不能认定合伙关系成立,而应当认定当事人之间实际上成立的是借贷关系。

3. 对合伙企业最低利润作出规定的,不影响合伙关系的成立。

为防范风险,防止上述争议纠纷的出现,当事人决定进行合伙经营或投资的,应当聘请专业律师起草书面合伙协议,并对出资数额、债务承担、盈利分配等问题作出明确规定。此外,在进行合伙投资时,应当注意留存出资凭证和转账汇款记录,以备日后发生争议时,可以证明合伙关系的成立。此外,为了区分合伙关系和借贷关系,应当明确,约定了"返还投资人全数本金""投资人的出资不受合伙经营盈亏影响"或"为投资提供担保"等此类条款的,法院一般会认定成立借贷关系而不是合伙关系。

**四、借贷关系与合伙关系有争议时怎么做**

实践中,双方对彼此之间形成的是合伙关系还是借贷关系时有争议,为确保后续纠纷产生时能够得到法律的支持,主张的一方都应该有证明该关系的证据。

比如,主张合伙关系的一方可以提供投资协议、投资明细、投资汇款等证据予以证明,对方未能提供借据或利息约定等证据证明双方为借贷关系的,则被认定为合伙关系。而主张借贷关系的一方可以就借贷数额、款项用途、借款期限、利息等进行书面约定。

所以说,不管双方是主张合伙关系还是借贷关系,主张的一方都要有证据证明该关系存在的事实,当然,反驳的一方也应当提供证据来证明自己认为该关系存在的事实,因此,保留书面形式的证据是至关重要的,毕竟只有有理有据,在面对争议时才能占据上风。

**参考法条**

**《民法典》**

**第九百六十八条** 合伙人应当按照约定的出资方式、数额和缴付期限,履行出资义务。

**第九百六十九条** 合伙人的出资、因合伙事务依法取得的收益和其他财产,属于合伙财产。

合伙合同终止前,合伙人不得请求分割合伙财产。

**案例延伸**

**一、(2017)赣民终192号**

法院观点:关于黄某平与张某标之间是民间借贷关系还是合作关系的问题。关于黄某平诉请的金额,张某标主张双方签订了《合作建房协议书》,是合作关系,黄某平交付的金额是基于该协议书的投资。对此,本院认为,根据双方签订的《合作建房协议书》约定,"甲方(张某标)按工程结算总额确保乙方(黄某平)25%利润,甲方股份占60%,乙方股份占40%,甲方如小于25%的利润或大于25%的利润,至少负担乙方25%的利润;甲方全权负责建设工程有关事项,乙方不干涉建设工地任何事项,也不承担任何责任及风险",该协议系合伙协议,合同中约定黄某平不参与合伙事务、不承担风险，只收取固定25%的利润，结合双方另行订立借贷关系，张某标并向黄某平出具借条，明确了借款金额、还款时间、借款利率等，由此可知，双方系名为合伙、实为借贷的民间借贷关系。一审判决对此认定并无不当，应予维持。

二、(2016)赣民终466号

法院观点：合伙，是指两个及两个以上公民按照协议，各自提供资金、实物、技术等，合伙经营、共同劳动、共担风险、共享收益的自愿联合。作为合伙关系中的合伙人，必须遵循《民法通则》①规定的共同出资、共同经营、共担风险、盈亏与共的法律原则。合伙协议作为各合伙人之间订立的契约，应当具备以上四个方面的内容，缺一不可。本案中，上诉人范某仁主张其与宁某辉之间系合伙关系，故判断合伙关系成立与否在于协议的约定及双方实际进行的经营活动是否符合合伙条件。第一，本案所涉及的协议系浙江客运部（吉安至路桥线）作为甲方与上诉人范某仁作为乙方签订的，协议的名称为《购股承包协议书》，该协议落款甲方处宁某辉只是作为甲方代表签名。第二，在出资方面，根据协议第1条的约定，"乙方自愿购买甲方共玖万元整股权"，该内容只约定了范某仁的出资数额。第三，在经营方面，协议第2条约定："乙方享有购买股权的所有权及分红，按2000元/每万每年计算，但不参与经营管理；承包期限捌年（自2008年1月1日起至2015年12月31日止）。"该条款直接约定范某仁不参与经营管理，上诉人范某仁也未提供证据证明其实际参与了经营管理，其与宁某辉之间不存在合伙经营、共同劳动的事实。第四，在收益分配方面，协议未约定如何分配利益及如何承担亏损和风险。根据协议第2条的约定可以明确，上诉人范某仁不对所投资的吉安至路桥线路承担经营风险，无论该线路盈利或亏损，其均根据合同约定享有具体、明确金额的固定利润而不承担风险。虽然协议第3

---

① 现已失效。

条约定"如遇有不可抗力的或国家有关政策变化，所有股东共同承担风险和法律责任"，但该约定的情形不属于合伙经营的商业风险，因此，上诉人范某仁明显属于不承担经营风险，仅享受固定利益的情况，其投入的资金并非股权而是债权，一审法院认定上诉人范某仁与宁某辉之间的关系实质上是民间借贷关系并非投资合作行为正确，应予维持，上诉人范某仁认为其与宁某辉之间为合伙关系的上诉主张与事实不符，无法律依据，本院不予支持。

### 三、（2015）渝高法民提字第00057号

法院观点：本案中，李某胜虽与张某昌、陈某西签订了《合伙协议书》，但从协议内容看，李某胜投入资金，不参与经营管理，只取得固定收益，不承担风险，原二审判决认定李某胜与张某昌、陈某西之间系名为合伙、实为借贷的关系，并无不当。李某胜与张某昌、陈某西、建筑公司项目部、某和建司签订的《还款协议》，有各方当事人的签名或印章，系各方当事人的真实意思表示，应属有效，对各方当事人均有法律约束力。建筑公司项目部作为共同还款人在《还款协议》上加盖印章，属于债的加入，其行为真实、合法，建筑公司项目部系建筑公司的下属机构，不能独立承担民事责任，故应由建筑公司承担。建筑公司是否知情，并不是应否免除其民事责任的法定理由。建筑公司提交的《关于启用印章承担责任的担保书》虽约定张某昌不得将项目部印章用于抵押、担保、租赁、赊欠等业务，以及印章引起的债权债务及民事责任由张某昌承担，但该保证书系建筑公司与其内部承包人张某昌之间的内部约定，不具有对抗外部第三人的法律效力。建筑公司称张某昌与李某胜系恶意串通、签订协议时因某和建司不在现场而应李某胜的要求加盖的项目部印章，没有充分证据予以证明。故，原审判令建筑公司与其他还款人共同承担还款义务，并无不当。

### 四、（2010）豫法民提字第160号

法院观点：李某、苗某轩与徐某峰签订《合伙协议》约定，李某、

苗某轩各出资 30 万元，徐某峰以经营关系和现有货物出资经营煤炭生意，每月无论是否盈余，合伙人苗某轩、李某都只各得 3 万元，其余部分全部为徐某峰所得，李某、苗某轩不承担因合伙经营而产生的任何债务。按照该合伙协议的约定，李某和苗某轩只提供资金、收取利益而不承担风险。该约定违反了 1997 年施行的《合伙企业法》第二条关于各合伙人共同出资、合伙经营、共享收益、共担风险的规定，并对合伙企业债务承担无限连带责任的规定。原审法院再审认定李某、苗某轩与徐某峰是合伙关系不当，应认定为名为合伙、实为借贷的关系。苗某轩与李某之间不具有债权债务关系，李某请求苗某轩承担还款责任缺乏依据。

# 融资租赁和借贷关系如何区分

## 案件背景

最高人民法院在本案判决书中认为,售后回租交易与抵押借款在法律关系、标的物权属属性、债权金额构成、偿还方式方面存在差异。

融资租赁关系与其他法律关系的区分是融资租赁纠纷案件中的关键法律问题,关系到案件的法律适用和正确审理。

## 案情简介

2019年7月25日,A租赁公司与B公司签订《融资租赁合同》,B公司以筹措资金为目的,将其拥有真实所有权并有权处分的租赁物转让给A租赁公司,再由A租赁公司出租给B公司使用,租赁成本为1.5亿元。2019年7月26日,A租赁公司与C公司签订《抵押合同》,约定:C公司以自有两宗土地使用权为B公司的债务提供抵押担保。A租赁公司与C公司到某县国土资源局办理了抵押登记。C公司用作抵押的土地出让手续不全。2019年7月27日,A租赁公司向B公司转账12150万元,另向B公司出具收据,确认收到B公司租赁服务费750万元、租赁保证金2100万元。A租赁公司向法院起诉,请求:解除《融资租赁合同》;B公司返还所有租赁物,赔偿损失182889163.84元;A租赁公司对C公司提供的抵押土地变现价款享有优先受偿权;C公司、区政府、区国土局在A租赁公司无法实现抵押权的价值范围内承担连带赔偿责任。法院判决:《融资租赁合同》于2021年4月27日解除;B公司向A租赁公司返还全部租赁物,赔偿损失(全部未付租金155230138.32元、逾期利息27137659.73元、留购价款75000元，扣除租赁保证金2100万元和租赁物价值）；A租赁公司对C公司提供的抵押物享有优先受偿权；区政府、区国土局在A租赁公司抵押权不能实现的范围内承担补充赔偿责任。区政府、区国土局不服，上诉至中级人民法院，主张：本案名为融资租赁合同纠纷，实为民间借贷纠纷；按照民间借贷纠纷认定，本案本金利息的计算应当是实际到位资金12150万元；将行政赔偿主体和民事赔偿主体混为一谈，存在明显错误。中级人民法院认定本案属于融资租赁合同纠纷，但改判区政府、区国土局在A租赁公司抵押权不能实现造成的损失范围内对A租赁公司承担三分之一的赔偿责任。

**办案复盘**

融资租赁与抵押贷款，是一对极其相似的融资工具，二者的区别主要存在以下十个方面。

### 一、法律关系不同

租赁（包括售后回租）关系的建立有两个合同、三个当事人，即采购和租赁两个合同，涉及供应商、出租人和承租人三方（回租业务中承租人与供应商是同一方）。在整个交易过程中，出租人参与的过程最全、参与的环节最多。而信贷关系则非常简单，其只有一个合同（借贷合同）、两个当事人（借款人和贷款人）。

### 二、现金流不同

租赁开始时，出租人首先向供应商付出货款，采购租赁物（回租业务中只是向承租人购买出租物），获得物权。且在租赁关系中，出租只有物流（交付租赁物），没有现金流出。而信贷业务开始时，债权人向债务人有真实的现金流出。租赁与信贷的债权方只有在回收债权过程中，现金流在本质上才是相同的，即都是现金的正流入。

### 三、让渡的标的物不同

融资租赁和信贷都有相同的时间期限，有价出让标的物的使用权。

但租赁出让的是物（多为有形的机器设备），信贷出让的是现金。

### 四、租赁物与抵押物的所有权不同

租赁物的所有权归债权人（出租人），回租的标的物虽然在出售前和租赁期内都在承租人手中，但其已将该物的所有权通过出售行为转让给出租人，承租人只因租赁关系而享有该设备的使用权。合约到期后一般用一元回购的方式取回标的物/租赁物的所有权。而贷款抵押物的所有权（及使用权）仍属原所有者，设置抵押只是使债权人享有该物品的优先受偿权，抵押期内的所有权不归债权人，而归债务人，即抵押贷款过程中，没有物权的转移。

### 五、时间期限不同

售后回租一般可以做成中长期融资（三年以下为中短期，五年以上为中长期），甚至可以做到十年。抵押贷款，银行一般以一年期为主，因长期贷款很难操作。

### 六、会计核算不同

抵押物在抵押人（往往是债务人）的资产负债表上反映，由抵押人计提折旧，管理资产。融资性租赁物在承租人（债务人）的资产负债表上反映，并由承租人计提折旧，出租人与承租人共同管理资产；而经营性租赁物则在出租人（债权人）的资产负债表上反映，由出租人计提折旧，管理资产。当然，也可以做到表外业务，但交易背景必须真实。

### 七、偿还的资金来源、税赋不同

租赁费直接作为经营费用，在成本中列支。而归还贷款的资金来源只能是折旧和税后利润。因此，归还一元的贷款，企业的现金流出事实上是大于一元，多出的部分就是税后一元钱相应的营业税和所得税。正因为租赁还租的会计处理方法不同，租赁才具有延迟纳（所得）税的功能。

### 八、标的物的处置程序不同

承租人违约（不付租金），出租人可中止租赁关系，直接处置租赁物。而贷款人违约（不归还贷款），债权人要获得抵押物偿债，只要债务人有异议，就须经过诉讼程序，才能处置抵押物。

### 九、租赁物和抵押物灭失后的处理不同

租赁物灭失，除保险责任外，出租人还可追究承租人的管理责任。而抵押物灭失，债权人可要求债务人重新设置抵押或担保，否则可中止借贷关系，收回债权。

### 十、对于银行的风险不同

售后回租，简单来说，就是使用融资租赁公司的资金。但对银行来说，风险是不一样的。假设借款方企业破产，该设备所有权在融资租赁公司，融资租赁公司享有全部处分权和收益权，那么该融资风险基本是可控的，甚至可以因变卖而获取利润；但作为抵押资产，涉及抵押物的规定较多，纠纷也多，有可能无法赔偿全部贷款额。

## 律师建议

### 一、出租人应履行格式条款的说明提示义务

融资租赁合同均系出租人提供的格式合同，合同中的通用条款普遍存在字体偏小、不易看清的情况。若出租人未尽提示及说明义务，将不利于对承租人利益的保护。对首付款、保证金性质及用途约定不明，以及对车辆折旧及残值计算方式没有约定，也易产生争议。因此，出租人以格式条款订立合同时，应对合同重要内容进行充分披露，对涉及承租人权利限制的格式条款应进行充分提示与说明，并在合同中以显著的符号予以标记。

### 二、合同应明确约定租赁物残值抵扣及折旧计算标准

大部分融资租赁合同并未约定租赁物残值抵扣及折旧计算标准，或者以对承租人显著不利的象征性的低廉回购款主张残值，在租赁物实际下落不明或被承租人掌控的情况下，无法通过评估程序确定租赁物残值，

导致审判实践中难以确定租赁物的剩余价值。因此，合同中应清晰地约定租赁物的残值抵扣及折旧计算标准，防止出现争议。

### 三、应仔细核查担保合同的各项要素

（一）应确保担保人具有担保资格

对于以公益为目的的非营利性学校、幼儿园、医疗机构、养老机构等法人，原则上不能提供担保，因此，出租人应对担保人的担保资格进行核查，以防范担保合同无效的法律风险。

（二）应对担保人内部决议进行形式审核

融资租赁合同作为非典型担保合同，其合法有效性的审查亦需"参照适用相关典型担保的程序性规定"，即出租人需核查承租人的租赁行为是否履行了适当的内部决议（公司决议文件）、外部登记及公示（上市公司的公告要求）等法定程序。对于融资租赁合同项下的相关担保合同，融资租赁公司应当首先根据担保的方式、担保的额度、提供担保方等因素，按照不同的标准来审查该笔担保是否已经履行了完备的决策程序。如承租人股东为其提供关联担保，根据《公司法》第十五条之规定，公司向其他企业投资或者为他人提供担保，按照公司章程的规定，由董事会或者股东会决议；公司章程对投资或者担保的总额及单项投资或者担保的数额有限额规定的，不得超过规定的限额。公司为公司股东或者实际控制人提供担保的，应当经股东会决议。前款规定的股东或者受前款规定的实际控制人支配的股东，不得参加前款规定事项的表决。该项表决由出席会议的其他股东所持表决权的过半数通过。综上，出租人在审查融资租赁合同及相关担保合同实体上合法有效的同时，亦须就该等合同在签署过程中需履行的程序性要求一并审查，我们可在融资租赁合同以及相关担保合同中明确约定承租人/担保人应履行的相关程序性义务，避免纠纷发生后该等租赁关系/担保关系被认定为无效。

（三）可以约定在租赁物上设置自物抵押条款

建议在融资租赁合同中约定出租人有权就租赁物办理自物抵押登记，

并且在部分租赁物瑕疵等导致融资租赁交易可能被认定为借贷法律关系的项目及特殊动产融资租赁项目中，继续就租赁物办理动产抵押登记。主要原因包括：第一，就名为租赁实为借贷的业务而言，出租人与承租人之间仅成立债权债务关系，租赁物的担保功能丧失。该等情况下，在诉讼阶段需要考虑根据动产抵押合同的约定，主张租赁物作为抵押物的优先受偿权。第二，基于如机动车的行政管理要求，机动车回租业务存在车管所登记的名义所有权人与实际所有权人不一致的问题，出租人需要考虑就机动车在车管所办理动产抵押登记，以防承租人在融资租赁合同存续期间就机动车进行重复融资。而且在司法裁判中，出租人在租赁物上设置的自物抵押权一般不会受限于人保物保并存时的担保规则。

**四、应约定加速到期条款的救济措施**

《民法典》将融资租赁合同定性为具有担保功能的非典型担保合同。尽管该等界定弱化了出租人关于租赁物的物权权利，但该等定性可以在一定程度上解决过去融资租赁诉讼纠纷中，出租人主张租金加速到期时，与租赁物相关的诉讼请求如何确定的争议。《最高人民法院关于适用〈中华人民共和国民法典〉有关担保制度的解释》第六十五条第一款进一步明确："……出租人请求承租人支付全部剩余租金，并以拍卖、变卖租赁物所得的价款受偿的，人民法院应予支持……"据此，出租人可以在主张租金加速到期时，一并主张就租赁物享有优先受偿权。

但是，大部分出租人的融资租赁合同仅约定承租人发生一定程度的租金逾期支付等违约情形时，出租人有权主张全部租金加速到期；但未约定出租人有权一并就租赁物拍卖、变卖所得的价款优先受偿。建议出租人关注《民法典》《最高人民法院关于适用〈中华人民共和国民法典〉有关担保制度的解释》的变化，及时调整出租人主张融资租赁合同加速到期时的救济措施条款，增加出租人对租赁物享有优先受偿权的约定。

**五、应明确约定催告的合理期限**

《民法典》第七百五十二条的规定与原《合同法》相比并无变化。

但《民法典》并未对"合理期限"作出界定,诉讼实务中的"合理期限",一般依据各地法院的审判指导意见、主审法官对案情的综合分析加以判定。

为了减少关于出租人是否应给予承租人"合理期限"的争议,出租人可以考虑在融资租赁合同中,对承租人进行催告的合理期限作出界定,并明确约定出租人可以选择的催告方式(如出租人发出催款函、出租人委托律师发出律师函等)及催告文件的送达地址、承租人拒签收催告文件视为送达等。此外,在出租人未经书面催款、直接以提起诉讼方式主张融资租赁合同加速到期或解除合同的情形下,可以考虑将"合理期间"界定为出租人提起诉讼之日至民事起诉状副本送达日经过的期间。

### 六、保证签章的真实性

订立合同及相关交易文件时,出租人务必坚持亲力亲为原则,对承租人的代表人或代理人,应亲见本人、亲见本人签字、亲见原件以及最新权属(工商)登记信息,以保证签章(拓印)的真实性。若客观情况不允许亲力亲为操作,要求法定代表人面签的,可酌情采取公证作为风控措施,以保证当事人签章的真实性。在法定代表人授权第三人签字时,要注意明确授权代理人代为办理相关事宜的授权具体内容的意思表示,且在授权委托书中载明,法定代表人对代理人签署相关文本的法律责任作出明确承诺。

此外,还应对客户单位印章的真实性进行核验。一是要求客户单位提供最新调取的公安局审批或工商登记机关备案登记的印章。企业、个体工商户等单位向市场监督管理局申领营业执照后,凭照刻章,并将印章通过市场监督管理局进行备案登记。经过公安局审批的印章均刻有唯一的数字编码,可以肉眼识别。无编码的印章未经过公安局审批,属于私刻印章,其加盖的合同效力有争议。二是建立印模。可要求单位客户在贵司建立印模,对盖章进行验印。在建模过程中,仍应注意对业务经办人的资格进行审查。比照其他文件中的印章对单位客户提供的已有文件中的印章加以比对，最好是单位客户与公权力机关（如政府部门、司法机关）发生法律关系的文件。三是由法定代表人签字。法定代表人执行对外业务，无须另行授权，其行为代表单位，单位应承担相关法律后果。建议禁止自然人加盖"私章"代替"签字"的行为，因其在确定客户身份方面的效力远不如签字或捺印。

## 参考法条

**《民法典》**

第二百二十二条 当事人提供虚假材料申请登记，造成他人损害的，应当承担赔偿责任。

因登记错误，造成他人损害的，登记机构应当承担赔偿责任。登记机构赔偿后，可以向造成登记错误的人追偿。

第七百三十五条 融资租赁合同是出租人根据承租人对出卖人、租赁物的选择，向出卖人购买租赁物，提供给承租人使用，承租人支付租金的合同。

第七百四十六条 融资租赁合同的租金，除当事人另有约定外，应当根据购买租赁物的大部分或者全部成本以及出租人的合理利润确定。

**《最高人民法院关于审理融资租赁合同纠纷案件适用法律问题的解释》**

第一条 人民法院应当根据民法典第七百三十五条的规定，结合标的物的性质、价值、租金的构成以及当事人的合同权利和义务，对是否构成融资租赁法律关系作出认定。

对名为融资租赁合同，但实际不构成融资租赁法律关系的，人民法院应按照其实际构成的法律关系处理。

第二条 承租人将其自有物出卖给出租人，再通过融资租赁合同将租赁物从出租人处租回的，人民法院不应仅以承租人和出卖人系同一人为由认定不构成融资租赁法律关系。

### 案例延伸

**一、（2016）最高法民终180号**

法院观点：无论当事人之间系融资租赁法律关系还是借贷法律关系，均不会导致案涉合同无效。

无论民某租赁公司与山西海某公司之间系融资租赁法律关系还是借贷法律关系，均不会导致案涉融资租赁合同无效。《最高人民法院关于审理融资租赁合同纠纷案件适用法律问题的解释》第一条第二款规定，对名为融资租赁合同，但实际不构成融资租赁法律关系的，人民法院应按照其实际构成的法律关系处理。本案中，丰某建设公司未能提交证据证明案涉融资租赁合同存在《合同法》①第五十二条规定的无效情形，而仅以案涉合同系名为融资租赁、实为借贷合同为由主张合同无效，缺乏法律依据，本院不予采纳。

**二、（2016）最高法民终286号**

法院观点：租赁物客观存在且所有权由出卖人转移给出租人系融资租赁合同区别于借款合同的重要特征。作为所有权的标的物，租赁物应当客观存在，并且为特定物。没有确定的、客观存在的租赁物，亦无租赁物的所有权转移，仅有资金的融通，不构成融资租赁合同关系。

根据《合同法》第二百三十七条有关"融资租赁合同是出租人根据承租人对出卖人、租赁物的选择，向出卖人购买租赁物，提供给承租人使用，承租人支付租金的合同"的规定，租赁物客观存在且所有权由出卖人转移给出租人系融资租赁合同区别于借款合同的重要特征。作为所有权的标的物，租赁物应当客观存在，并且为特定物。没有确定的、客观存在的租赁物，亦无租赁物的所有权转移，仅有资金的融通，不构成

---

① 现已失效。

融资租赁合同关系……《最高人民法院关于审理融资租赁合同纠纷案件适用法律问题的解释》第一条规定：人民法院应当根据合同法第二百三十七条①的规定，结合标的物的性质、价值、租金的构成以及当事人的合同权利和义务，对是否构成融资租赁法律关系作出认定。对名为融资租赁合同，但实际不构成融资租赁法律关系的，人民法院应按照其实际构成的法律关系处理。因现有证据仅能证明案涉当事人之间有资金的出借与返还关系，而不足以证明存在实际的租赁物且租赁物的所有权已发生转移，根据《合同法》第一百九十六条有关"借款合同是借款人向贷款人借款，到期返还借款并支付利息的合同"的规定，应当认定兴某公司与浩某公司、联某公司之间系借款合同关系而非融资租赁合同关系。

---

① 参照《民法典》第七百三十五条。

# 第二章 企业合同纠纷

# 发包人拖欠工程款，施工单位如何维权

## 案件背景

建筑行业因涉及社会公共利益，一直以来都有较为严格的准入资格要求，但在实务中，不少施工单位为了压缩成本、赚取差价等将项目层层转包，存在大量无承包之名但行承包之实的施工主体。基于该现实状况，2004年《最高人民法院关于审理建设工程施工合同纠纷案件适用法律问题的解释》第一条、第四条、第二十五条、第二十六条在承包人、分包人的主体外又创设出实际施工人的概念。《最高人民法院新建设工程施工合同司法解释（一）理解与适用》一书对实际施工人进行了具体定义：实际施工人，是指在无效合同中实际完成了施工义务的单位或者个人。建设工程层层多手转包的，实际施工人一般是指最终投入资金、人工、材料、机械设备实际进行施工的施工人。该类案件已成为建筑施工合同纠纷的高发和热门领域，但因该规则的法律基础相对薄弱，故在不同地域和时期的审判尺度也有差异。笔者选取一则办理的案例，就相关问题进行研究，希望对读者有所启发。

## 案情简介

2018年10月，某小区工程由天某公司开发建设，天某公司将该小区项目发包给未某公司承包施工，双方签订了《建设工程施工协议》，对项目施工范围、工期、工程款支付等进行约定。

后，未某公司与满某公司签订了《内部承包协议》，对该小区项目的具体施工事项及管理费进行约定。在施工过程中，天某公司未能依约向未某公司支付工程款，满某公司也未能收到相应的工程款，导致该项目停工。满某公司希望通过诉讼程序维权。

### 办案复盘

本案涉及劳务分包人建设工程价款优先受偿权的问题。优先受偿权的请求权基础为《民法典》第八百零七条的规定："发包人未按照约定支付价款的，承包人可以催告发包人在合理期限内支付价款。发包人逾期不支付的，除根据建设工程的性质不宜折价、拍卖外，承包人可以与发包人协议将该工程折价，也可以请求人民法院将该工程依法拍卖。建设工程的价款就该工程折价或者拍卖的价款优先受偿。"

接手本案后，笔者首先判断满某公司是否属于实际施工人。一般而言，施工人是基于有效的建设工程施工合同关系而承揽施工任务的主体，包括总承包人、承包人、专业分包人、劳务分包人。而实际施工人的含义却截然相反，其是指无效建设工程施工合同的承包人，包括转承包人、违法分包人、挂靠人，即在转包、违法分包、挂靠等无效建设施工合同情形中实际完成施工义务的单位或个人。

本案中，满某公司是实际施工人，其可以突破合同相对性，直接以发包人为被告主张权利，发包人应在欠付工程价款范围内对实际施工人承担责任。笔者建议实际施工人应善用该身份追讨工程款。

### 律师建议

#### 一、实际施工人主体的认定

实际施工人与名义上的承包人、分包人相对，是指在无效合同情形下实际完成工程建设的主体，其可能是法人、非法人团体、个人合伙、自然人（此处的自然人应为包工头）等。实际施工人并非我国现行法律明确规定的民事主体，而是为了解决农民工讨薪难问题，通过突破合同相对性的方式帮助劳动者获得劳动报酬。因在实务中存在一定滥用的情况，故目前司法实务对其范围是逐渐限缩的，现《最高人民法院关于审理建设工程施工合同纠纷案件适用法律问题的解释（一）》（法释〔2020〕25号）第四十三条、第四十四条对此作出较明确的规定。

总结现有规定及司法判例可知，实际施工人一般包括转包人、违法分包人和挂靠人三种。在多层转包和违法分包情形下，最终实际投入资金、材料和人工进行工程施工的法人、非法人团体、包工头等民事主体属于实际施工人，而农民工则不在此范畴内。另外，挂靠人能否作为实际施工人实践中争议较大，还需在具体案例中具体分析。

对实际施工人的认定，主要考察三个方面：一是应审查是否存在实际施工行为，包括是否在施工过程中购买材料、支付工人工资、支付水电费等。二是应审查是否参与合同的签订与履行。三是应审查是否存在投资或收款行为。对于垫资工程，应审查其是否实际投入了资金。也有观点认为，对实际施工人的认定主要从以下四个方面来考虑：一是参与合同的签订，如是否作为转包合同、违法分包合同的签约主体。二是存在实际施工行为，如在施工过程中是否购买原材料、支付工人工资、支付水电费等。三是在合同履行过程中享有施工支配权，如对项目部的人、财、物是否有独立的支配权。四是审查工程中的其他相关资料等。实际施工人身份的认定并没有明确的法律规定，应当综合案件总体情况进行把握。

**二、发包人明知挂靠的，不适用《最高人民法院关于审理建设工程施工合同纠纷案件适用法律问题的解释（一）》第四十三条的规定**

在工程建设领域，借用有资质的建筑施工企业的名义进行施工，挂靠方（实际施工人）以出借方（被挂靠方）的名义与发包人签订建设工程施工合同，发包人欠付工程款时，对于实际施工人如何主张工程款、是否可以直接起诉发包人，被挂靠方是否承担给付责任，实务中存在分歧。

《最高人民法院关于审理建设工程施工合同纠纷案件适用法律问题的解释（一）》第四十三条中规定，实际施工人可向发包人、转包人、违法分包人主张权利。但（2019）最高法民再329号判决书认为，实际施工人以被挂靠人名义与发包人签订施工合同，被挂靠人欠缺与发包人订立施工合同的真实意思，双方不存在实质性的法律关系。根据《民法典》第一百四十六条"行为人与相对人以虚假的意思表示实施的民事法律行为无效。以虚假的意思表示隐藏的民事法律行为的效力，依照有关法律规定处理"的规定，实际施工人与被挂靠人通谋行为隐藏的是借用资质签订施工合同，该行为因违反法律强制性规定而无效。实际施工人与发包人在订立和履行合同过程中，已形成事实上的法律关系，基于此，实际施工人可以直接向发包人主张工程款，而被挂靠方无须承担给付责任。

### 三、劳务分包单位、劳务班组长或农民工是否为实际施工人

对于该问题，实务中争议很大，但根据《民事审判指导与参考》[①]的观点，劳务分包单位、劳务班组长或农民工不是实际施工人。

### 四、除特殊情形外，实际施工人一般不享有优先受偿权

《民法典》第八百零七条规定："发包人未按照约定支付价款的，承包人可以催告发包人在合理期限内支付价款。发包人逾期不支付的，除根据建设工程的性质不宜折价、拍卖外，承包人可以与发包人协议将该工程折价，也可以请求人民法院将该工程依法拍卖。建设工程的价款就该工程折价或者拍卖的价款优先受偿。"

依据《最高人民法院民事审判第一庭2021年第21次专业法官会议纪要》的观点，转包和违法分包情形下的实际施工人不享有建设工程价

---

[①] 最高人民法院民事审判第一庭编：《民事审判指导与参考》，人民法院出版社2019年版，第2辑总第78辑，第30页。

款优先受偿权。理由是：从文义角度来看，享有优先受偿权的主体应当是与发包人存在合同关系的施工人，但实际施工人与发包人不存在施工合同关系，故不享有优先受偿权。

那么，借用资质的实际施工人是否享有优先受偿权呢？《民法典合同编理解与适用（三）》[①]指出，该问题系争议问题。在处理出借资质的建筑企业、借用资质的单位或者个人、发包人三方之间的关系时，应当依据《民法典》第一百四十六条的规定，以各方当事人的真实意思为基础确定各自的法律关系。

笔者认为，在借用资质签订建设工程施工合同的情况下，如发包人明知或应知实际施工人借用资质的事实，则实际施工人享有工程款优先受偿权，更符合立法精神。

**五、对于发包人承担责任的范围不同**

对于转包和违法分包情形下的实际施工人，发包人仅需承担欠付范围内的责任，即承担部分责任。如果是借用资质情形下的实际施工人，则发包人承担的是全部责任，因为两者之间有直接的、事实上的合同关系。

相反，对实际施工人而言，如果是借用资质情形，则只能向发包人主张全部价款，而无权向借用资质的企业主张。但实际上，转包情形和借用资质的情形经常存在交叉，如果实际施工人能够采用转包情形，则其有权向转包人主张权利。因此，我们可以得出结论：无论是发包人、转包人、违法分包人还是实际施工人，均可从对自身最有利的角度进行抗辩。

**六、合理规避转包或挂靠的法律风险**

在司法实践中，对于内部承包的法律效力是予以认可的。2012年，

---

[①] 最高人民法院民法典贯彻实施工作领导小组主编：《中华人民共和国民法典合同编理解与适用（三）》，人民法院出版社2020年版，第2037页。

《北京市高级人民法院关于审理建设工程施工合同纠纷案件若干疑难问题的解答》对此有所解释，该解答认为：建设工程施工合同的承包人将其承包的全部或部分工程交由其下属的分支机构或在册的项目经理等企业职工个人承包施工，承包人对工程施工过程及质量进行管理，对外承担施工合同权利义务的，属于企业内部承包行为；发包人以内部承包人缺乏施工资质为由主张施工合同无效的，不予支持。（2021）最高法民申142号裁定、（2021）最高法民申6504号裁定、（2018）最高法民申4718号裁定均支持此观点。这点对企业规避转包、挂靠风险有重要参考价值。

**七、适用合同相对性原则**

若承包人财务状况不理想，则实际施工人可以寻找借用资质且发包人明知的证据，这样可以跳过承包人，直接向发包人主张欠款，因为双方存在事实上的合同关系。

若发包单位财务状况不理想，但转包单位有清偿能力，则实际施工人可以从证据角度试图证明其和转包单位存在转包合同关系，这样实际施工人可以向转包单位主张欠款。

另外，如果是转包、违法分包的情形，则承、发包方间的结算原则上不约束实际施工人；如果是借用资质的情形，则承、发包方间的结算效力对实际施工人有约束力。

**八、实务技巧**

（一）充分运用建设工程价款优先受偿权

《民法典》第八百零七条规定："发包人未按照约定支付价款的，承包人可以催告发包人在合理期限内支付价款。发包人逾期不支付的，除根据建设工程的性质不宜折价、拍卖外，承包人可以与发包人协议将该工程折价，也可以请求人民法院将该工程依法拍卖。建设工程的价款就该工程折价或者拍卖的价款优先受偿。"行使优先受偿权应注意以下五个问题。

1. 行使优先权的期限为十八个月,自建设工程竣工之日或者建设工程合同约定的竣工之日起计算。

2. 优先受偿的建筑工程价款包括承包人为建设工程应当支付的工作人员报酬、材料款等实际支出的费用,不包括承包人因发包人违约所造成的损失。

3. 消费者交付购买商品房的全部或者大部分款项(50%以上)后,承包人就该商品房享有的工程价款优先受偿权不得对抗买受人。

4. 建设单位逾期支付工程款,承包人催告后,发包人在合理期限内仍不支付。

5. 建设工程性质适合于折价、拍卖。对学校、医院等以公益为目的的工程一般要排除在优先受偿范围之外。

(二) 适当考虑提起代位权诉讼

有些发包人往往以对外债务收不回来为借口表示无力支付工程款,对此,承包人可按照合同法的规定提起代位权诉讼。在提起代位权诉讼时,需要满足以下条件。

1. 债权人对债务人的债权必须合法。

2. 债务人怠于行使其债权,并对债权人造成损害。

3. 债务人的债权已经到期。

4. 债务人的债权不是专属于债务人自身的债权。

(三) 在执行过程中申请对发包人的到期债权予以强制执行

如果承包人直接起诉发包人,判决胜诉后却发现发包人没有财产可供执行,但发包人对第三人有到期债权,这时承包人可以向法院申请对该到期债权予以强制执行,要求第三人直接向承包人履行债务。

但应当注意的是,如果第三人在收到法院协助履行通知后十五日内提出了书面异议,则法院不能对其强制执行。这时承包人只能另外提起代位权诉讼，请求法院判决第三人向其履行债务。

**参考法条**

*《建筑法》*

**第五十二条第一款** 建筑工程勘察、设计、施工的质量必须符合国家有关建筑工程安全标准的要求，具体管理办法由国务院规定。

*《民法典》*

**第七百九十九条** 建设工程竣工后，发包人应当根据施工图纸及说明书、国家颁发的施工验收规范和质量检验标准及时进行验收。验收合格的，发包人应当按照约定支付价款，并接收该建设工程。

建设工程竣工经验收合格后，方可交付使用；未经验收或者验收不合格的，不得交付使用。

**案例延伸**

**一、（2013）民申字第231号**

最高人民法院再审审查认为，（一）关于本案的事实认定问题。《最高人民法院关于民事诉讼证据的若干规定》第二条规定："当事人对自己提出的诉讼请求所依据的事实或者反驳对方诉讼请求所依据的事实有责任提供证据加以证明。没有证据或者证据不足以证明当事人的事实主张的，由负有举证责任的当事人承担不利后果。"本案中，利某公司虽与世某公司签订了《建设工程施工合同》，但综合本案的相关证据分析，利某公司不能被认定为诉争工程的实际施工人。首先，利某公司与世某公司之间签订的《建设工程施工合同》约定了"本合同价款采用包工包料按实结算方式确定，工程预付款按月工程进度预付80%，每月30日之前支付。工程款（进度款）采用转账方式支付，每月30日之前支付"等内容。从合同对工程预付款的约定和利某公司的诉讼请求来看，当事人并未按照合同履行相应的义务。其次，陈某峰虽为仙某项目部的负责人，但其工资、节日补贴、出差报销等均由世某公司签发或签批报销领款。在一审庭审调查中，陈某峰不能说明仙某项目部的组成人员、财产来源、财务管理情况。相反，世某公司在一、二审过程中提供了银行证明、现金支票、转账支票等证据，证明是世某公司控制仙某项目部的财务收入与支出管理。陈某峰对仙某项目部的人、财、物没有独立的支配权。再次，涉及诉争工程的《建设工程施工合同》原件、施工图纸、与各施工班组签订的分包协议、供货协议、材料支付款凭证等证据，为世某公司持有。该证据亦可证明诉争工程为世某公司对外开展施工，实际履行承建诉争工程的各种义务。最后，世某公司持有加盖利某公司公章的空白施工合同、空白施工方案、空白税（费）申报表、空白企业（公司）登记委托书、空白施工方案审批表和施工组织设计（方案）报审表，仙某项目部通过转账支付给利某公司管理费3万元，以及证人张某荣、温某禄、刘某清、邵某仲在一审过程中所作的证言等有关情形，进一步佐证了世某公司为涉案工程实际施工人的事实。利某公司申请再审提供的《工程价款审核书》、《工程停工报审表》、150万元的汇款凭证，以及世某公司在证据清单中"证明对象"的有关表述等证据不足以证明利某公司为涉案诉争工程的实际施工人，不能推翻二审判决认定的事实。(二)关于本案的法律适用问题。根据上述分析，利某公司与世某公司之间并不存在真实的建设工程施工合同关系，双方当事人签订的《建设工程施工合同》违反了法律的有关规定，依法应为无效。利某公司不是诉争工程的实际施工人，其向法院主张世某公司支付工程进度款和利息，以及相应的工程价款优先受偿权的请求，缺乏事实依据和理由，不能获得支持。二审判决适用法律并无不当。

**二、(2016) 最高法民终 361 号**

最高人民法院二审认为，关于各方法律地位的认定问题。一审法院认为，本案各方法律关系为，陈某等四人作为实际施工人，借用六某五公司的名义与华某煤业公司签订《建设工程施工合同》。理由：（1）陈某等四人的经营方式是独立核算、自主经营、自负盈亏。陈某等四人与六某五公司签订的《内部承包协议》中，约定了"对工程项目的工期、质量、安全、成本全面负责""工程项目亏损，由承包人全额承担，并承担由此引起的一切纠纷、诉讼责任""本工程项目的利润全部归承包方，亏损完全由承包方承担"。可见，陈某等四人在经营风险、财务管理等方面均是独立于六某五公司的，陈某等四人是实体义务的履行者和权利的最终享有者，其对工程进行独立核算，独自组织工程施工，是盈亏的终结承受者。（2）陈某等四人与六某五公司并无隶属关系。经庭审调查，陈某等四人在案涉工程建设之前并非六某五公司的员工，工程开工后也未从六某五公司领取工资、福利，六某五公司也未给其缴纳五险一金，因此，陈某等四人不是六某五公司的员工，为独立于六某五公司的民事主体。（3）六某五公司固定收取一定比例的费用。六某五公司与陈某等四人签订的《内部承包协议》中，约定"2012年4月（含4月）以前工程按工程造价4%提取，后期工程按工程造价5%逐月上交"，可见，陈某等四人在借用六某五公司的名义承建案涉工程后，六某五公司以"管理费"的名义固定收取一定比例的费用。综上，陈某等四人系借用六某五公司资质，以六某五公司项目部的名义开展建设工程活动，是本案工程的实际施工人。

# 租赁合同还是分期付款买卖合同

## 案件背景

分期付款买卖合同，是一种特殊的买卖合同形式。在分期付款买卖合同中，买受人和出卖人可以自由约定将应付的总价款在一定的期限内分为多次进行支付。

## 案情简介

2021年3月12日，雷某公司（甲方）与启某仓储公司（乙方）签订《货架租赁合同》，约定：乙方将案涉仓库货架出租给甲方使用，租赁期限为2021年3月20日至2023年3月19日；租金共计203068.8元，甲方每季度收到发票后应向乙方支付租金25383.6元。履行期间，如合同提前终止或有效期届满，双方未达成续租协议，则乙方有权收回货架。任意一方违约，经守约方催促整改无效的，需赔偿守约方合同总金额20%的损失赔偿金。如甲方支付完毕全部货架租赁费用，则可以取得货架所有权。如甲方无故拖延支付租金，则乙方有权收回货架。

合同履行过程中，雷某公司向启某仓储公司支付6期租金共计152301.6元后停止支付。2023年4月，启某仓储公司起诉至法院，要求解除双方于2021年3月12日签订的《货架租赁合同》，并由雷某公司支付剩余租金50767.2元和违约金40613.76元。

## 办案复盘

本案主要的争议焦点在于：启某仓储公司与雷某公司签订的《货架

租赁合同》约定，雷某公司定期向启某仓储公司支付货架租金，在雷某公司支付完全部租金前，启某仓储公司保留货架所有权。但同时又约定，如雷某公司结清全部租金，则其可以取得保留货架所有权。此种情况下，双方属于租赁合同关系还是分期付款买卖合同关系？毕竟，不同的合同关系会影响到适用租赁还是分期付款买卖的法律规定。

笔者根据自身办案经验并结合案例检索，梳理出实务中存在的三种观点。

第一种观点认为，启某仓储公司与雷某公司之间成立货架租赁合同关系。双方签订的合同名称为"货架租赁合同"，属于民法典明文规定的有名合同之一——租赁合同的范畴。合同内容包含租金、租期、支付方式、货架的维修、所有权归属、合同解除条件、违约责任等条款，符合法律规定的租赁合同的特征。

第二种观点认为，启某仓储公司与雷某公司之间既可能成立货架租赁合同关系，也可能成立分期付款买卖合同关系，需要分析双方合同约定的内容并结合合同履行的具体情形来判断。司法实践中，有大量的租赁合同存在如下约定：如承租人结清所有租金，可以零元或者极低的价格购买租赁物。此种情况下，则先构成货架租赁合同关系，后成立分期付款买卖合同关系。本案与此类似，如果雷某公司仅支付了其中几期款项，未支付剩余款项，则已支付的款项视为租金，双方成立租赁合同关系；若雷某公司按约定结清所有款项，则成立分期付款买卖合同关系。

第三种观点认为，应当通过合同约定内容及履行情况识别双方真实的法律关系。启某仓储公司与雷某公司签订的合同虽名为货架租赁合同，但实为分期付款买卖合同。具体而言，合同约定的租赁期数实为分期付款买卖中的支付价款所分期数；每月租金实为每期付款的金额；租赁期满，支付的租金总额实为货架的价款；因存在雷某公司结清款项之前启某仓储公司保留货架所有权、结清之后货架所有权转移等情形，故案涉合同符合分期付款买卖合同的特征,本案应适用分期付款买卖的法律规定。

笔者认同第三种观点,并向法官释明了自己的观点,最终法院支持了启某仓储公司的全部诉讼请求。

**律师建议**

关于本案及类似的合同为何应当适用分期付款买卖合同而非租赁合同法律关系,笔者认为主要理由如下。

### 一、付清租金即享有货架所有权不符合租赁合同的特征

《民法典》第七百零三条规定:"租赁合同是出租人将租赁物交付承租人使用、收益,承租人支付租金的合同。"第七百三十三条规定:"租赁期限届满,承租人应当返还租赁物……"因此,在租赁合同中,无论是在租期内还是租期届满后,理论上标的物所有权均归出租人所有,其未从出租人转移至承租人。由此可见,租期届满后租赁物返还出租人是租赁合同的一个重要特征。

本案中,如果《货架租赁合同》属于租赁合同,则在合同终止时,雷某公司应将货架归还启某仓储公司。但该合同约定,合同期满后,雷某公司付清租金,即可取得货架所有权,该约定显然与租赁合同的特征相悖。故,启某仓储公司与雷某公司之间不属于租赁合同关系。

### 二、分期付租金合同期满所有权转移符合分期付款买卖合同的特征

买卖合同与租赁合同的本质差别在于标的物的最终所有权,前者的标的物的所有权归买受人所有,后者的仍归出租人所有。根据民法典及买卖合同司法解释的规定,分期付款买卖合同是指出卖人转移标的物所有权于买受人,买受人将应付的总价款在一定期间内至少分三次向出卖人支付的合同。所有权转移是买卖合同的核心特征。案涉合同约定合同期满,租金等付清后,货架所有权转移,该约定符合买卖合同的核心特征。同时,合同约定雷某公司分 6 期支付货架租金,该租金也应认定为

每期支付的分期款。综上，案涉合同符合分期付款买卖合同的特征。

### 三、认定为分期付款买卖合同符合当事人的真实意思表示

《民法典》第七百一十条规定："承租人按照约定的方法或者根据租赁物的性质使用租赁物，致使租赁物受到损耗的，不承担赔偿责任。"第七百一十二条规定："出租人应当履行租赁物的维修义务，但是当事人另有约定的除外。"一般情况下，在货架租赁期内，货架承租人支付租金，正常使用货架，无须承担货架的保养维修义务。而本案中，案涉合同约定货架租赁期间，一切维修事宜均由雷某公司自行解决，还约定雷某公司付清租金后，案涉货架归雷某公司所有。另外，启某仓储公司也愿意在收到雷某公司全部租金后将货架过户给雷某公司，由此可以推定，双方签订租赁合同的真实意思表示应为货架买卖而非租赁。故，案涉合同认定为分期付款买卖合同符合双方当事人的真实意思表示。

### 四、认定为分期付款买卖合同有利于双方纠纷的解决

本案中，如按租赁合同关系判决解除合同后，则租赁合同关系终止，货架归出租人所有，承租人应返还出租人。在合同未解除时，因雷某公司的违约行为，故启某仓储公司已通过自力救济将案涉货架取回，如果判决解除货架租赁合同，确认出租人已取回货架，承租人无须再返还，则相当于变相认可启某仓储公司的自力救济行为，然而实践中"暴力收车"行为时有发生，法院不应鼓励出租人通过自力救济的方式进行"收车"。如果再判决承租人返还货架，又与出租人已实际取回货架的情况不符，这将导致司法裁判陷入两难境地。

综上分析，雷某公司很有可能是出于购买货架的目的与启某仓储公司签订案涉合同，如按照租赁合同关系判决解除合同，则雷某公司很难再依合同主张货架的所有权，后续双方很可能会因货架所有权问题再次产生纠纷。相反，如认定为分期付款买卖合同，则原告既可以诉请支付使用费，使用费可按每月租金确定，也可放弃解除合同的诉讼请求，仅

诉请支付剩余价款，如此，买受人付清剩余价款后取得货架所有权便符合法律逻辑。

实务中，名为租赁、实为分期付款买卖的合同并不少见。除本案中的仓储领域外，此类合同在汽车租售领域更为常见。并且，因为汽车有移动便捷的特点，实践中因承租人未及时支付租金，出租人通过自力救济"暴力收车"的行为时有发生，如果在此情况下简单地认定合同性质为租赁合同并且解除合同，那么承租人很难再依据合同主张标的物所有权，双方很可能再因标的物所有权问题而发生纠纷。其实，对正常经营的出卖人而言，一般也愿意在收到全部租金后将所有权转移给买受人。故，在办理相关案件时，应当准确识别合同性质，化解矛盾。

### 参考法条

**《民法典》**

**第六百三十四条第一款** 分期付款的买受人未支付到期价款的数额达到全部价款的五分之一，经催告后在合理期限内仍未支付到期价款的，出卖人可以请求买受人支付全部价款或者解除合同。

**第七百零三条** 租赁合同是出租人将租赁物交付承租人使用、收益，承租人支付租金的合同。

### 案例延伸

**一、（2017）粤07民终3111号**

本院认为，本案系分期付款买卖合同纠纷。一审法院确定为融资租赁合同纠纷，融资租赁合同是出租人根据承租人对出卖人、租赁物的选择，向出卖人购买租赁物，提供给承租人使用，承租人支付租金的合同。融资租赁合同中，在租赁期内租赁物所有权始终归承租人所有，不涉及出租人与承租人之间对租赁物的买卖。本案中，出租人根据承租人的选择，向出卖人购买租赁物再提供给承租人使用，双方既约定承租人按期支付租金，又约定在租赁期间出租方拥有租赁车辆的所有权，租赁期届满后标的物所有权转移给承租方。因此，双方签订的合同是名为租赁合同、实为所有权保留的买卖合同，每月支付的租金实为双方约定的分期给付的标的物价款。一审法院对案件定性不准确，本院予以纠正。

**二、（2017）沪02民终2920号**

二审法院认为，虽然欣某美通公司购买系争设备在前，但超某公司在《融资租赁合同》中明确指定了设备的型号，更重要的是，《融资租赁合同》约定的租金总额并非单纯租赁物使用权的对价，而是上述设备售价加上承租人占用设备期间的利息总额，带有明显的融资特性；且《融资租赁合同》设定的基本权利义务，即按期支付租金，租赁期限届满后超某公司既可以不支付价款放弃租赁物所有权，也可以支付一定价款（合同约定在无违约或特定轻微违约的情况下为1元）留购租赁物等约定，亦符合融资租赁法律关系的基本特征。

欣某美通公司在本案法律关系建立时并未选择买卖合同关系，亦无证据证明其在本案中有直接出卖设备的意思表示，一审认定欣某美通公司是出卖人依据不足。当事人双方签订的书面合同条款约定的权利义务为典型的融资租赁法律关系，一审确认合同条款合法有效，则超某公司根据合同约定支付的即为租金，而非买卖合同价款；合同到期后承租人对租赁物的所有权归属有选择权，而非买卖合同单向以转移标的物所有权为目的的合同特征。若确定本案为所有权保留的分期付款买卖合同，则当事人对所有权是否保留、何时转移、何条件下转移均未约定；而租赁手续费、租赁物占用期间的融资利息等约定也无法解释。在当事人无约定，履行行为亦无表征，且合同并未违反法律、行政法规强制性规定的情况下，变更当事人意思自治确定的权利义务内容指向有所不当，本院予以调整。

# 仲裁协议效力问题大有文章

## 案件背景

我国现行确认仲裁协议效力制度总体上已趋成熟完备，为维护当事人意思自治、保障仲裁庭依法行使纠纷管辖权提供了有力的司法支撑。同时，在确认仲裁协议效力案件的审查范围、格式条款效力审查、仲裁协议约定仲裁机构的认定等方面，裁判标准还有待进一步统一。

## 案情简介

2008年，A公司向B公司投资2000万元用于拍摄电影项目，该电影拍摄需在境外取景，且参演人员中有外籍演员，因此本投资项目具有涉外因素。双方在《投资协议》中达成一致，电影成功上映后投资双方对境内外票房按照约定的比例进行分成，同时协议中还约定，A公司的投资款有保底承诺条款，并约定了争议解决的方式为深圳仲裁委仲裁解决。2021年案涉电影虽延期但成功上映，但时至今日仍未按约定比例向A公司支付任何营收款且承诺的投资款本金未退还完毕。双方签订投资合同当日，也签订了《补充协议》，明确B公司时任法定代表人对投资合同中B公司对A公司的债务承担担保责任。

A公司于2022年启动仲裁，B公司时任法定代表人个人提起申请确认仲裁协议效力纠纷，中止了深圳仲裁委的仲裁程序。

## 办案复盘

本案中，对方提起中止仲裁审理的最终目的就是将具备经济实力的自然人解套，使A公司只能就投资合同中的损失向空壳状态的B公司主张。因为本案投资合同本身并非三方合同，其时任法定代表人签字也是代表B公司和A公司达成协议，该协议约定了仲裁管辖，但补充协议并没有约定仲裁管辖。其核心策略依据是《全国法院涉外商事海事审判工作座谈会会议纪要》第九十七条，即涉外合同中对于主合同约定仲裁管辖的，从合同未约定管辖方式的，仲裁解决方式不能约束从合同相对方。

对方提出《全国法院涉外商事海事审判工作座谈会会议纪要》第九十七条已经是对A公司一次很有力的攻击，该纪要首先是最高人民法院对人民法院审理涉外纠纷的宏观指引，且第九十七条规定的内容非常近似本案情况，笔者在初期和法官沟通后认为法院很有可能会按照该纪要的思路认定B公司实际控制人不应作为仲裁案件的当事人。后经过研判，虽然该纪要的内容确实对本案走向影响很大，但作为本案代理人，笔者认为该纪要适用于本案存在两个问题：第一，本案《投资协议》和《补充协议》是否系主从合同关系。第二，该纪要生效和实施时间都晚于本案两份协议签订和生效时间，纪要能否溯及既往。

就第一个问题而言，《补充协议》系对《投资协议》中某一条进行的扩展担保，就担保合同和投资合同来看应当是主从合同关系，应当适用该纪要的思路。但经过笔者给法官的有效论证，从合同应当具备完善的合同基本要素内容，明确《补充协议》是对《投资协议》中具体某一条款的补充，法院认定该约定明显不是第三方对前一合同进行独立担保的意思表示，结合担保人系《投资协议》的签订人和两份协议同时签署的背景，认定"补充"不等同于"从合同"的地位，"补充"就是原协议一部分的意思表示。另外，本案不存在《仲裁法》规定的仲裁条款无效的情形，故驳回对方的申请。

虽然本案法官就代理人提出的第一个疑点进行论证驳回对方申请，但就第二点，代理人认为，《最高人民法院关于适用〈中华人民共和国民法典〉时间效力的若干规定》也提及旧法审旧案、新法审新案的基本原则，根据举重以明轻的逻辑，法律和司法解释都如此，该纪要更应如此，因此，笔者认为，即使本案系主从合同关系，该纪要的审判逻辑也不应当被直接适用于本案。

综上，本案的代理核心观点在于，具有担保性质的补充协议不一定系从合同性质。另，本案中，笔者为当事人成功阻止了资金实控人在未来投资合同纠纷中"解套"。

**律师建议**

仲裁协议系仲裁程序必备的前置性条件，当事人对仲裁协议进行详细约定很大程度上是为了增加仲裁协议的可操作性，避免纠纷发生时双方对仲裁协议产生争议。因此，起草一个有效的仲裁协议尤为重要。围绕《仲裁法》第十六条第二款关于"仲裁协议应当具有下列内容：（一）请求仲裁的意思表示；（二）仲裁事项；（三）选定的仲裁委员会"之规定，起草一个有效的仲裁协议应当明确体现上述三个方面的内容，除此之外，当事人还可以根据合同的具体情况，在法律及仲裁规则允许的范围内对仲裁程序进行相应的约定，以签订一份符合双方需求的仲裁协议。

经过二十余年的发展，我国确认仲裁协议效力制度日益成熟完备，司法实践逐步形成了以支持仲裁、尽量使仲裁协议有效为基本导向的审查思路和标准，为保障仲裁制度的高效运行发挥了重要作用。但也应看到的是，当前确认仲裁协议效力案件实践在审查思路和标准上仍有一些有待完善的地方。笔者认为可从以下三个方面加以总结完善。

一是法院在确认仲裁协议效力案件（以下简称确仲案件）中的审查程度与仲裁庭对实体争议管辖权之间的关系。在判断仲裁协议是否成立、仲裁协议对特定争议事项是否有效等问题时，法院往往需要了解案件实体争议的具体情况，由此引发了两种审查倾向：一种是为了准确判断仲裁协议的效力而对案件实体争议进行全面、深入的审查，从而在相当程度上干涉仲裁庭的管辖权；另一种是为了避免干预仲裁庭的管辖权，而在确仲案件中一概不予触及案件实体争议事实。笔者认为，上述两种倾向都值得商榷，前者违背了仲裁司法审查的有限审查原则，后者实质上未能履行法院判定纠纷主管的法定职责。确仲案件应当兼顾法院行使主管判断权和避免干涉仲裁庭的管辖权，为此，笔者建议确仲案件应当确立依表面证据进行审查的原则，同时明确法院基于表面证据作出的仲裁协议成立、有效的认定不影响仲裁庭基于实体审理作出其他认定。

二是仲裁法与其他法律的互动。一般认为，确认仲裁协议效力是一种程序性的仲裁司法审查制度。在这种制度定位下，不少案件仅依据仲裁法体系内的规则处理确仲案件，而忽视其他法律对仲裁协议效力的影响，或者忽视仲裁法规则与其他法律规则之间的协调。例如，在前文所述的格式仲裁条款审查实践中，一些法院未能正确把握《民法典》有关格式条款规则在仲裁条款领域的适用，也未能注意与民事诉讼法关于格式管辖条款的规则相协调。笔者认为，确仲案件的审查实践要打破部门法的藩篱，遵循由特别法到一般法的法律适用方法，培养融贯协调不同法律规则的体系思维，在法律体系层面准确认定仲裁协议的效力。

三是鼓励仲裁与尊重当事人意思自治之间的平衡。意思自治是仲裁的基石，当前司法实践倡导的"尽量使仲裁协议有效"的理念，其根基与正当性也在于尊重当事人的意思自治。应当看到的是，当事人选择仲裁的合意包含了多个侧面，最基础的层面是选择仲裁作为争议解决方式（以区别于诉讼），在此基础上还有若干次级层面，如选定哪家仲裁机构、适用何种仲裁程序、仲裁地如何确定等。尊重当事人意思自治应当是指完整地尊重当事人达成的各个层面的仲裁合意，当前一些案例中只注重仲裁与诉讼的区分，而忽视了当事人关于如何进行仲裁的合意情况。

如在前述关于约定仲裁机构是否明确的实践中，一些法院对仲裁机构选择作出的解释和认定，可能实质上背离了当事人关于如何进行仲裁的合意。

**参考法条**

**《全国法院涉外商事海事审判工作座谈会会议纪要》**

第九十七条　当事人在主合同和从合同中分别约定诉讼和仲裁两种不同的争议解决方式，应当分别按照主从合同的约定确定争议解决方式。

当事人在主合同中约定争议解决方式为仲裁，从合同未约定争议解决方式的，主合同中的仲裁协议不能约束从合同的当事人，但主从合同当事人相同的除外。

**《仲裁法》**

第十七条　有下列情形之一的，仲裁协议无效：

（一）约定的仲裁事项超出法律规定的仲裁范围的；

（二）无民事行为能力人或者限制民事行为能力人订立的仲裁协议；

（三）一方采取胁迫手段，迫使对方订立仲裁协议的。

**《最高人民法院关于适用〈中华人民共和国民法典〉合同编通则若干问题的解释》**

第三十六条　债权人提起代位权诉讼后，债务人或者相对人以双方之间的债权债务关系订有仲裁协议为由对法院主管提出异议的，人民法院不予支持。但是，债务人或者相对人在首次开庭前就债务人与相对人之间的债权债务关系申请仲裁的，人民法院可以依法中止代位权诉讼。

**案例延伸**

一、（2020）粤民终 2212 号

法院生效裁判认为，《仲裁法》第二十条第二款规定："当事人对仲裁协议的效力有异议,应当在仲裁庭首次开庭前提出。"当事人未在仲裁庭首次开庭前对仲裁协议的效力提出异议的,视为当事人接受仲裁庭对案件的管辖权。本案虽然进入重新仲裁程序,但仍为同一纠纷,实某共盈公司在仲裁过程中未对仲裁协议效力提出异议并确认对仲裁程序无异议,其行为在重新仲裁过程中仍具有效力。根据《最高人民法院关于适用〈中华人民共和国仲裁法〉若干问题的解释》第十三条第一款"依照仲裁法第二十条第二款的规定,当事人在仲裁庭首次开庭前没有对仲裁协议的效力提出异议,而后向人民法院申请确认仲裁协议无效的,人民法院不予受理"的规定,一审法院不应受理实某共盈公司提出的确认仲裁协议效力的申请。一审法院受理本案后,根据《最高人民法院关于审理仲裁司法审查案件若干问题的规定》第八条第一款"人民法院立案后发现不符合受理条件的,裁定驳回申请"的规定,裁定驳回实某共盈公司的申请,并无不当。

**二、最高人民法院发布十起《最高人民法院关于适用〈中华人民共和国民法典〉合同编通则若干问题的解释》相关典型案例五:某控股株式会社与某利公司等债权人代位权纠纷案**

【裁判要点】

在代位权诉讼中,相对人以其与债务人之间的债权债务关系约定了仲裁条款为由,主张案件不属于人民法院受理案件范围的,人民法院不予支持。

【简要案情】

2015年至2016年,某控股株式会社与某利国际公司等先后签订《可转换公司债发行及认购合同》及补充协议,截至2019年3月,某利国际公司欠付某控股株式会社款项6400余万元。2015年5月,某利公司与其母公司某利国际公司签订《贷款协议》,由某利国际公司向某利公司出借2.75亿元用于公司经营。同年6月,某利国际公司向某利公司发放了贷款。案涉《可转换公司债发行及认购合同》及补充协议、《贷款协议》均约定了仲裁条款。某控股株式会社认为，某利国际公司怠于行使对某利公司的债权，影响了某控股株式会社到期债权的实现，遂提起代位权诉讼。一审法院认为，虽然某控股株式会社与某利公司之间并无直接的仲裁协议，但某控股株式会社向某利公司行使代位权时，应受某利公司与某利国际公司之间仲裁条款的约束。相关协议约定的仲裁条款排除了人民法院的管辖，故裁定驳回某控股株式会社的起诉。某控股株式会社不服，提起上诉。二审法院依据《最高人民法院关于适用〈中华人民共和国合同法〉若干问题的解释（一）》①第十四条的规定，裁定撤销一审判决，移送被告住所地人民法院审理。

**【判决理由】**

法院生效裁判认为，虽然案涉合同中均约定了仲裁条款，但仲裁条款只约束签订合同的各方当事人，对合同之外的当事人不具有约束力。本案并非债权转让引起的诉讼，某控股株式会社既非《贷款协议》的当事人，亦非该协议权利义务的受让人，一审法院认定某控股株式会社行使代位权时应受某利公司与某利国际公司之间仲裁条款的约束缺乏依据。

---

① 现已失效。

# 买卖合同中逾期付款违约金规则适用要点

## 案件背景

2020年出台的《最高人民法院关于审理买卖合同纠纷案件适用法律问题的解释》第十八条将买卖合同逾期付款违约金作为一种特殊类型的违约金而予以专门规定。然而，买卖合同逾期付款违约金的适用问题一直困扰着司法实践。一方面，根据当事人未约定或已约定逾期付款违约金的表述不同，违约金的计算方法需要进行相应调整。另一方面，利息法定限额、法定迟延罚息以及违约金特殊的酌减规则等多项"数字型"规则并存的格局，对司法适用提出了较高的要求。

## 案情简介

2015年9月1日，甲公司、乙公司与案外人丙公司签订了《污水源热泵工程合同书》。9月12日，乙公司进场开始工作，并于10月22日开始为甲公司供热水，10月28日供暖。经后期各方结算，合同总价款为528万元，甲公司已付200万元，截至2017年末，甲公司尚欠乙公司剩余工程款、工程增量款及垫资利息合计360万元。2017年12月25日，丁公司、甲公司与乙公司三方签订了《污水源热泵工程合同书》，约定丁公司作为甲公司污水源热泵工程的合作投资方加入甲公司与乙公司签订的《污水源热泵工程合同书》，承担向乙公司支付360万元工程款的付款义务。2018年1月21日，丁公司向乙公司支付了360万元工程款，乙公司将本案所涉工程的权利义务一并转移给丁公司。2018年11月至12月，丁公司与甲公司分别就丁公司投资甲公司能源站，并提供综合能源服务事宜签订了案涉能源服务合同、《污水源热泵合作投资协议》，约定丁公司投资甲公司污水源热泵工程费用为360万元，为甲公司提供综合能源服务，并向其收取采暖费、制冷费和生活热水费，其中采暖费和制冷费合称能源费，实行总费用包干，包干价为169万元/年，生活热水费30元/吨，支付期限为每日历季度第一个月的5日前，如甲公司延迟支付，则应以欠付的费用为基数，按月息2%支付利息损失，服务收费期限为15年；同时约定甲公司不得擅自解除或者终止合同，否则除应赔偿丁公司直接经济损失外，还应根据合同约定的收费年限，每年按合同约定的能源费用年包干总费用169万元的20%赔偿丁公司的可得利润损失；若甲公司违约，则应承担丁公司为维护自身权益所支出的律师费、诉讼费、财产保全担保费、公证费、调查费等合理费用。2018年1月17日，丁公司、甲公司签订了《应收款质押合同》，约定甲公司以其坐落在A省B市C区××街××号××大酒店出租、出卖、使用，以及其他以合同为基础所产生的具有金钱给付内容的应收账款出质，为丁公司在案涉能源服务合同中所享有的债权提供担保。前述质押合同签订后，丁公司、甲公司办理了出质登记。2018年2月27日，丁公司、甲公司签署《联系函》，确认能源站交接期和2018年缴费周期及金额。2018年1月19日至11月14日，丁公司主张包括支付给乙公司的360万元在内，其对能源站项目进行改造所追加投入的人力、物力成本共计5067764.31元。其中，丁公司支付给赵某、钱某、孙某、李某、王某等人工费共计189796.97元，设计费为189449.13元，项目管理费为142086.85元。2018年10月，甲公司在支付前述《联系函》中确定的2018年第四季度费用时发生迟延，丁公司于2018年10月5日后多次以快递方式向甲公司发送催缴通知书、停止供能通知书，甲公司仍拒绝支付相关费用，丁公司于2018年10月31日停止供能。同日，甲公司将丁公司驱离能源站。后经丁公司多次催告，甲公司仍未支付相关款项。

**办案复盘**

**一、预先放弃调整逾期付款违约金的约定是否有效**

买卖合同中预先放弃调整逾期付款违约金的约定是否有效，理论上和实务上都有争议。《最高人民法院第二巡回法庭2021年第18次法官会议纪要》中的观点是，当事人事先约定放弃违约金司法调整请求权，违约方再向法院请求调整违约金数额的，法院原则上应予以准许并依法进行审查处理。法官认为，如果允许当事人通过预先约定放弃向法院请求调整违约金的权利，容易造成意思自治对公共秩序的冲击，法定的违约金调整规则将大概率被规避，进而影响市场交易安全并提升虚假诉讼的风险，《民法典》第五百八十五条第二款的立法目的有可能被架空。

虽然在最高人民法院先前审理的案例中，曾作出过预先放弃调整违约金的约定有效的认定，但是理由在于违约方未能举证证明约定违约金过分高于守约方的损失。这意味着，法院实际上仍然对违约金是否过高进行了审理。例如，在（2016）最高法民申1050号案中，最高人民法院认为，"在济某分公司等均确认吴某丹一方垫资成本高、若就付款发生争议则吴某丹一方的损失远大于约定加价款、明确表示放弃提出因加价款过高要求裁判机关酌减的请求的情况下，二审法院认定，吴某丹一方基于该份承诺，在济某分公司已逾期付款时同意继续供货，由此造成的扩大损失应由济某分公司承担，吴某丹作为供货方其大量资金被占用的损失并不仅表现为同期银行贷款利息损失，且济某分公司亦未举证证明约定加价款已过分高于吴某丹一方的损失，从而不支持济某分公司要求调减加价款的主张，符合本案的商事交易性质和各方当事人确认的垫资成本、风险预期及违约情形，并无不妥"。

**二、买卖合同逾期付款违约金和违约利息能否并用的问题**

我国立法并未对买卖合同逾期付款违约金和违约利息能否并用的问

题予以明确规定。从最高人民法院近几年的实践来看，若合同中同时约定了逾期付款违约金和违约利息，则当事人在诉讼中一并主张违约金和利息的，原则上可以获得支持。不过，如果当事人主张的违约金和利息的总额过分高于损失，则法院会以损失为基础，兼顾合同的履行情况、当事人的过错程度以及预期利益等综合因素，根据公平原则和诚实信用原则予以衡量。例如，在（2018）最高法民终163号案中，最高人民法院同时支持了当事人主张的违约金和违约利息。最高人民法院认为，"当事人就违约责任既约定支付违约金又约定赔偿损失的，法律并未禁止当事人对违约金与损失一并主张……陈某华、黄某、邱某按合同约定年利率7%应当支付的截至2017年6月18日的逾期利息为9338767元，叶某波、蒋某燕、叶某光所主张的违约金数额为300万元，尚未达到上述逾期利息的30%，本案当事人约定的违约金不存在过高的情形"。

若当事人在合同中仅约定了逾期付款的违约金，未约定逾期利息，是否可以同时主张违约金和利息，也存在争议。

在（2016）最高法民终36号案中，一审法院认为，"对于泰某公司提出的违约金主张与资金占用利息损失主张……系基于不同性质、不同基础、不同法律依据提出的指向不同的利益主张。违约金主张基于合同明确约定而提出，而资金占用利息损失则基于法定孳息物和实际损失提出。依照民法原理，违约金请求权的存在并不排斥损害赔偿请求权的存在，二者是相互独立、可并存且不重合的……云某公司逾期付款的违约行为明显，故其应依约承担违约责任。双方据实履行的买卖法律关系内容系对原《供应合同》的补充和增加，但因本案泰某公司主张的违约金数额仍据原《供应合同》约定的总价款提出，故该院依照泰某公司的主张范围判令云某公司向泰某公司支付违约金1078634.00元。对泰某公司主张的资金占用利息损失……予以支持"。二审法院维持原判。不过，在（2020）最高法民终713号案中，最高人民法院认为，"当事人并没有约定余款的逾期利息。原审判决在判令立某公司给付余款违约金的同时，判令其还需承担给付履行期限届满之日到实际给付之日的利息，有违当事人本意，本院予以纠正"。

**律师建议**

鉴于违约金的主要性质是补偿性，故对于衍生违约金的调整问题，法院在充分尊重当事人意思自治的同时，也兼顾公平原则和诚信原则进行裁判。司法实践中，法院认为约定违约金过高的理由主要有：原告未提供或未提供充分的证据证实损失的发生、原告主张的利息利率超过了LPR的四倍、约定的违约金超过损失的30%等。可见，损失的范围认定和举证责任的分配，是法院判断是否对违约金数额予以调整的关键所在。

**一、守约方的损失是法院是否调整以及如何调整违约金的基础**

关于损失的赔偿范围，根据《民法典》第五百八十四条之规定，因违约所造成的损失包括合同履行后可以获得的利益。据此，因违约而造成的守约方的损失也包括实际损失和预期利益损失。实际损失通常表现为资金占用期间的利息损失，而预期利益损失主要适用于提前解除合同和预期违约的情形，表现为利润损失和另行寻租空置期间的租金利益损失等。

**二、关于损失举证责任的分配**

根据以下相关规定，《全国法院民商事审判工作会议纪要》第五十条规定："……主张违约金过高的违约方应当对违约金是否过高承担举证责任。"《关于当前形势下审理民商事合同纠纷案件若干问题的指导意见》第八条以及《全国法院贯彻实施民法典工作会议纪要》第十一条规定："……当事人主张约定的违约金过高请求予以适当减少的，应当承担举证责任；相对人主张违约金约定合理的，也应提供相应的证据。"司法实践中，在被告提出违约金过高抗辩时，法院认为原告应承担违约金合理的举证责任，若原告未能举证证明实际损失发生，则要承担违约金过高被司法调低的风险。

### 三、关于是否将违约时长作为违约金调整的考量因素

法院在判断违约金是否过高时，根据有关规定，除判断损失范围外，还应综合考量合同的实际履行情况、当事人的过错程度、当事人的主体身份、约定违约金的目的等因素，根据公平原则和诚信原则予以衡量。司法实践中，法院还会考量违约方的违约时长及主观过错，以判断违约金总额是否过高。

### 四、关于律师费损失是否纳入损失赔偿范围

法院在判断律师费是否属于损失赔偿范围时，裁判规则表现为有约定从约定，无约定原则上不支持。但也仍需注意律师费须已实际发生且符合律师收费的相关标准。对于未实际支付的律师费用，法院可能不予支持。

### 五、关于资金占用期间的利息是否过高的判断标准

资金占用费作为最常见的实际损失，法院通常采取的标准为以全国银行间同业拆借中心的贷款市场报价利率（LPR）的四倍为上限，以达到双方利益的平衡。

因此，实践中关于逾期付款的违约金条款，在证明守约方确实存在经济损失的前提下，约定适用一年期贷款市场报价利率四倍的标准更符合当前审判实务的倾向。如果企业在约定逾期付款违约金时的计算标准超出一年期贷款市场报价利率的四倍，则存在被法院以违约金约定标准过高为由依法调低的可能性，以至于削弱合同违约条款对违约方的约束作用。

### 参考法条

**《最高人民法院关于审理买卖合同纠纷案件适用法律问题的解释》**

**第十八条** 买卖合同对付款期限作出的变更，不影响当事人关于逾期付款违约金的约定，但该违约金的起算点应当随之变更。

买卖合同约定逾期付款违约金，买受人以出卖人接受价款时未主张逾期付款违约金为由拒绝支付该违约金的，人民法院不予支持。

买卖合同约定逾期付款违约金，但对账单、还款协议等未涉及逾期付款责任，出卖人根据对账单、还款协议等主张欠款时请求买受人依约支付逾期付款违约金的，人民法院应予支持，但对账单、还款协议等明确载有本金及逾期付款利息数额或者已经变更买卖合同中关于本金、利息等约定内容的除外。

买卖合同没有约定逾期付款违约金或者该违约金的计算方法，出卖人以买受人违约为由主张赔偿逾期付款损失，违约行为发生在2019年8月19日之前的，人民法院可以中国人民银行同期同类人民币贷款基准利率为基础，参照逾期罚息利率标准计算；违约行为发生在2019年8月20日之后的，人民法院可以违约行为发生时中国人民银行授权全国银行间同业拆借中心公布的一年期贷款市场报价利率（LPR）标准为基础，加计30—50%计算逾期付款损失。

**《民法典》**

**第五百八十五条** 当事人可以约定一方违约时应当根据违约情况向对方支付一定数额的违约金，也可以约定因违约产生的损失赔偿额的计算方法。

约定的违约金低于造成的损失的，人民法院或者仲裁机构可以根据当事人的请求予以增加；约定的违约金过分高于造成的损失的，人民法院或者仲裁机构可以根据当事人的请求予以适当减少。

当事人就迟延履行约定违约金的，违约方支付违约金后，还应当履行债务。

**《最高人民法院关于适用〈中华人民共和国民法典〉合同编通则若干问题的解释》**

**第六十五条** 当事人主张约定的违约金过分高于违约造成的损失，

请求予以适当减少的，人民法院应当以民法典第五百八十四条规定的损失为基础，兼顾合同主体、交易类型、合同的履行情况、当事人的过错程度、履约背景等因素，遵循公平原则和诚信原则进行衡量，并作出裁判。

约定的违约金超过造成损失的百分之三十的，人民法院一般可以认定为过分高于造成的损失。

恶意违约的当事人一方请求减少违约金的，人民法院一般不予支持。

**《最高人民法院关于审理民间借贷案件适用法律若干问题的规定》**

第二十九条　出借人与借款人既约定了逾期利率，又约定了违约金或者其他费用，出借人可以选择主张逾期利息、违约金或者其他费用，也可以一并主张，但是总计超过合同成立时一年期贷款市场报价利率四倍的部分，人民法院不予支持。

## 案例延伸

### 一、（2019）最高法民申 4567 号

法院指出，"人民法院在对违约金进行调整的过程中，应当……不仅以实际损失为基础，还要兼顾合同的履行情况、当事人的过错程度以及预期利益等综合因素适当调整违约金数额，而非机械地将'适当减少违约金'数额理解为将违约金减少至实际损失的百分之一百三十。综观全案情况，诚然益某贸易公司的实际损失为兴某建筑公司逾期付款导致其向银行贷款所承担的银行贷款利息，但是本案《钢材购销合同》的履行过程中，益某贸易公司按时按期履行了自己交付货物的合同义务，而兴某建筑公司作为支付货款一方在欠付货款高达 900 余万元的情况下，仅支付了 200 万元，并未全面积极地履行己方合同义务。一、二审法院认为'每天每吨 6 元'的资金占用费过高，将资金占用费下调，按照月

息 2 分①的标准支持，既弥补了益某贸易公司的损失又惩戒了兴某建筑公司的违约行为。故，一、二审法院对资金占用费的调节并无不当"。

## 二、(2019) 最高法民再 307 号

最高人民法院认为，违约方（采购方）逾期支付货款，依据合同，违约一年的违约金约为欠付货款总额的 73%。在守约方（供应商）未能提供证据证明其实际损失数额的情况下，应认定按照双方约定的违约金计付标准计算的违约金数额过高。由于违约方逾期不支付货款存在违约和过错，守约方在本案中并无过错，综合考虑守约方实际损失的客观存在，在兼顾双方合同履行情况、当事人过错程度以及预期利益等因素的前提下，最高人民法院酌定违约金数额以违约方逾期支付的货款为基数，自 2016 年 12 月 1 日起，按年利率 24% 计算至实际付清之日止。

---

① 注：即年利率 24%。

# 刑事案件追赃期间能否提起民事诉讼

### 案件背景

最高人民法院认为，因同一法律事实分别产生刑事法律关系和民事法律关系的，刑事责任的承担并不能否定民事责任的承担，但应对追赃与民事责任的认定和执行进行协调。

### 案情简介

2008年7月21日，A公司（委托人）与B公司（受托人）就进口橄榄油一事签订《委托代理进口协议》，进口橄榄油数量为2750吨（±2%），总金额为3433127.50美元。B公司与A公司、C公司签订《油脂接卸储存三方协议》，约定：C公司为A公司认可的仓储单位，上述橄榄油的所有权始终归B公司所有，C公司凭B公司发出的书面传真指示放货。B公司在上述业务中主要与时任A公司贸易分公司总经理助理兼二部经理甲接洽。2749.825吨橄榄油于2008年7月31日已经全部进入C公司油罐。B公司于2008年8月4日向C公司出具橄榄油300吨的《货物放行通知单》。其后，甲据此伪造了一份橄榄油2430吨的《货物放行通知单》，并以A公司的名义出具了《出库通知单》，指示C公司将上述橄榄油移交给D公司。另案刑事判决认定：乙伙同甲，私自以A公司的名义与B公司签订委托代理进口橄榄油合同，并采取伪造B公司提货单据的手段，使D公司在没有支付相应货款的情况下，骗取B公司上述合同项下的橄榄油2392吨，造成该公司损失人民币1476万元。甲因犯合同诈骗罪、国有企业人员滥用职权罪被判处有期徒刑二十年，并判决继续追缴 D 公司、乙、甲的犯罪所得，按比例发还被害单位。截至本案一审庭审时，B 公司共收到刑事判决执行法院发还涉案款人民币 1098042 元。

### 办案复盘

刑事判决已经认定进行追赃，并不必然成为民事免责的理由。在追赃之前以及追赃过程中，刑事被害人有权以相应的责任主体为被告提起民事诉讼，且人民法院应依法受理民事案件，即刑事案件没有执行终结并不影响民事案件的受理和审理。但为了避免双重受偿，在执行程序中应当对受偿对象进行明确与协调。

### 律师建议

第一，企业应当做好对管理人员权责和印章的内部控制管理，不相容职务应当相互分离，不应当将关键权限集中授权给一人。本案中，法院认定甲的行为构成表见代理的理由之一是：案涉《代理协议》中的印章是甲利用合法贸易合同夹带该协议偷盖的真实的 A 公司 6 号合同专用章。B 公司在签订合同前，亦对 A 公司经营地以及相关证照进行了考察、验证。在办理涉案橄榄油进出口许可证时，B 公司申报过程中使用的是 A 公司电子密钥向商务部提交文件，并与销售商签订《销售合同》，B 公司据此有理由相信合同相对方系 A 公司，甲是代表 A 公司与其签订代理合同。

第二，刑事判决已经认定进行追赃，并不必然成为民事免责的理由，此时人民法院仍可作出与刑事判决认定损失相重合的民事赔偿责任，但为了避免双重受偿，在执行程序中应当对受偿对象进行明确与协调。

### 参考法条

**《民事诉讼法》**

第一百七十八条 第二审人民法院对不服第一审人民法院裁定的上诉案件的处理,一律使用裁定。

**《最高人民法院关于适用〈中华人民共和国民事诉讼法〉的解释》**

第三百三十条 第二审人民法院查明第一审人民法院作出的不予受理裁定有错误的,应当在撤销原裁定的同时,指令第一审人民法院立案受理;查明第一审人民法院作出的驳回起诉裁定有错误的,应当在撤销原裁定的同时,指令第一审人民法院审理。

**《民法典》**

第一百四十八条 一方以欺诈手段,使对方在违背真实意思的情况下实施的民事法律行为,受欺诈方有权请求人民法院或者仲裁机构予以撤销。

第一百七十二条 行为人没有代理权、超越代理权或者代理权终止后,仍然实施代理行为,相对人有理由相信行为人有代理权的,代理行为有效。

**《最高人民法院关于在审理经济纠纷案件中涉及经济犯罪嫌疑若干问题的规定》**

第三条 单位直接负责的主管人员和其他直接责任人员,以该单位的名义对外签订经济合同,将取得的财物部分或全部占为己有构成犯罪的,除依法追究行为人的刑事责任外,该单位对行为人因签订、履行该经济合同造成的后果,依法应当承担民事责任。

**《最高人民法院关于适用〈中华人民共和国民法典〉合同编通则若干问题的解释》**

第二十一条 法人、非法人组织的工作人员就超越其职权范围的事项以法人、非法人组织的名义订立合同，相对人主张该合同对法人、非法人组织发生效力并由其承担违约责任的，人民法院不予支持。但是，法人、非法人组织有过错的，人民法院可以参照民法典第一百五十七条的规定判决其承担相应的赔偿责任。前述情形，构成表见代理的，人民法院应当依据民法典第一百七十二条的规定处理。

合同所涉事项有下列情形之一的，人民法院应当认定法人、非法人组织的工作人员在订立合同时超越其职权范围：

（一）依法应当由法人、非法人组织的权力机构或者决策机构决议的事项；

（二）依法应当由法人、非法人组织的执行机构决定的事项；

（三）依法应当由法定代表人、负责人代表法人、非法人组织实施的事项；

（四）不属于通常情形下依其职权可以处理的事项。

合同所涉事项未超越依据前款确定的职权范围，但是超越法人、非法人组织对工作人员职权范围的限制，相对人主张该合同对法人、非法人组织发生效力并由其承担违约责任的，人民法院应予支持。但是，法人、非法人组织举证证明相对人知道或者应当知道该限制的除外。

法人、非法人组织承担民事责任后，向故意或者有重大过失的工作人员追偿的，人民法院依法予以支持。

**第二十二条** 法定代表人、负责人或者工作人员以法人、非法人组织的名义订立合同且未超越权限，法人、非法人组织仅以合同加盖的印章不是备案印章或者系伪造的印章为由主张该合同对其不发生效力的，人民法院不予支持。

合同系以法人、非法人组织的名义订立，但是仅有法定代表人、负责人或者工作人员签名或者按指印而未加盖法人、非法人组织的印章，相对人能够证明法定代表人、负责人或者工作人员在订立合同时未超越权限的，人民法院应当认定合同对法人、非法人组织发生效力。但是，当事人约定以加盖印章作为合同成立条件的除外。

合同仅加盖法人、非法人组织的印章而无人员签名或者按指印，相对人能够证明合同系法定代表人、负责人或者工作人员在其权限范围内订立的，人民法院应当认定该合同对法人、非法人组织发生效力。

在前三款规定的情形下，法定代表人、负责人或者工作人员在订立合同时虽然超越代表或者代理权限，但是依据民法典第五百零四条的规定构成表见代表，或者依据民法典第一百七十二条的规定构成表见代理的，人民法院应当认定合同对法人、非法人组织发生效力。

**案例延伸**

### 一、（2011）民提字第68号

裁判规则：原则上，生效判决的既判力应当得到维护。而《最高人民法院关于民事诉讼证据的若干规定》第九条"已为人民法院发生法律效力的裁判所确认的事实"，当事人无须举证证明，但"当事人有相反证据足以推翻的除外"的规定，仅赋予已确认事实相对的预决力，并非对生效裁判既判力的规定。根据该条规定，对于生效裁判预决的事实，当事人在后诉案件中无须举证，但在当事人一方举证反驳且构成优势证明的情况下，人民法院对预决事实可以作出不一致的认定。

生效刑事判决的判决理由对相关当事人民事责任承担的影响。原则上，生效判决的既判力应当得到维护。但刑事诉讼和民事诉讼所依据的实体法基础、保护法益、诉讼目的、诉讼参加人等方面均存在明显差别。刑事案件的审理重点是解决罪与非罪的问题，而民事案件的审理重点则是解决相关当事人之间的法律关系性质、行为效力及民事责任承担。为实现案件公正审理的纠纷解决目标，在审理刑民交叉的民事案件时应当充分注意到上述差别并在此基础上准确适用法律。具体到本案，生效刑事判决关于刘某以新某信托公司的名义进行的包括本案 1000 万元资金在内的 10740 万余元融资构成挪用资金罪的认定并无相应的事实基础，对涉案 1000 万元资金的融资过程，该判决在查明事实部分明确认定刘某系以迪某公司的名义向忠某支行融资。加之本案各方当事人均未参与刑事诉讼活动的审理过程，如果简单地依据刑事判决的裁判理由来认定本案各方当事人之间的民事法律关系，则民事判决在实体上的公正性和程序上的正当性均难以实现。本院根据《最高人民法院关于民事诉讼证据的若干规定》第九条"已为人民法院发生法律效力的裁判所确认的事实"，当事人无须举证证明，但"当事人有相反证据足以推翻的除外"的规定，仅赋予已确认事实相对的预决力，并非对生效裁判既判力的规定。根据该条规定，对于生效裁判预决的事实，当事人在后诉案件中无须举证，但在当事人一方举证反驳且构成优势证明的情况下，人民法院对预决事实可以做出不一致的认定。故原再审判决关于生效刑事判决已经将本案所涉 1000 万元资金认定为刘某挪用新某信托公司资金，根据《最高人民法院关于民事诉讼证据的若干规定》第九条之规定，应由新某信托公司承担责任的认定，混淆了预决事实与既判力之间的关系，本院予以纠正。同理，对忠某支行以该生效刑事判决的理由为依据，主张应由新某信托公司承担责任的诉讼理由，本院亦不予支持。

二、（2015）民二终字第 335 号

裁判规则：在审判实践中，无论是先刑后民，还是先民后刑，都不应当绝对化和扩大化，有些民事案件的审理确实需要以刑事案件的结果为前提，而有些刑事案件的审理却必须以民事案件为依据，也有些民事案件与刑事案件的审理可以各自独立、互不干涉。

对于是否存在中止审理等待刑事案件结果的问题，本院认为，在审判实践中，无论是先刑后民，还是先民后刑，都不应当绝对化和扩大化，有些民事案件的审理确实需要以刑事案件的结果为前提，而有些刑事案件的审理却必须以民事案件为依据,也有些民事案件与刑事案件的审理可以各自独立、互不干涉。在民商事案件审理中,重要的是运用民事审判规则分析相关证据进而认定相关事实,如果能够依据相关事实和法律进行审理,则并非一定要等待刑事案件的处理结果。因此,在审理刑民交叉案件时,应当坚持具体案件具体分析,以实事求是的原则予以判定。本案长某公司作为原告,以买卖合同纠纷为由起诉沈某公司,要求其支付4900万元货款,故,本案应当以沈某公司应否支付货款以及是否支付了货款为核心。经查,虽然张某因涉嫌构成票据诈骗罪已经被公安机关立案侦查,但本案4900万元汇票背书、收取、再背书等独立事实已经在本案中查清,无须再以该刑事案件的结果为依据。对于冷某涉嫌的国有公司人员失职罪一案,是因包括本案4900万元在内共计8400万元的货款问题而被沈某公司举报形成,冷某所涉刑事犯罪不仅不影响本案民事案件的审理,而且本案的审理结果将有利于刑事案件的处理。因此,本案不存在中止审理的情形。

# 预约合同实务案例解析

### 案件背景

关于预约合同的继续履行问题之实质,以及是否可强制缔约,我国法律及司法解释对此未给予明确态度。在司法解释制定过程中,存在否定说与肯定说之争。否定说认为,预约合同不可强制缔约,理由有三点:其一,并非所有合同均可强制履行;其二,强制缔约有违合同意思自治原则;其三,与强制执行基本理论不符。而肯定说则认为,德国、日本等国的民法和判例都采纳此立场,关于当事人缔结本约时不予配合的问题,也可以通过合同解释、合同漏洞填补等途径解决,我国多数学者也认同肯定说。但是到目前为止,对于该问题,司法实践以及理论界仍然莫衷一是,对此研究有待深入。

### 案情简介

张某、C 公司是 A 公司的股东,分别持股 69.6% 和 30.4%。2010 年 1 月 6 日,B 公司与张某、C 公司签订《股权转让意向书》,约定:张某与 C 公司持有的股权拟转让给 B 公司。在该意向书签订的 5 日内,B 公司将委托专业机构进行尽职调查并且若满足条件,则在尽职调查结束后 3 个工作日内签订《股权转让协议》。若因 B 公司的问题导致不能签订《股权转让协议》,则张某与 C 公司有权没收 B 公司所付定金 500 万元;若张某与 C 公司不愿意签订《股权转让协议》,则张某与 C 公司将双倍返还定金。2010 年 1 月 12 日,B 公司向张某与 C 公司支付定金 500 万元。2010 年 1 月 18 日,张某与 C 公司分别将 500 万元退回 B 公司。B 公司于 2010 年 1 月 21 日、22 日向张某、C 公司与 A 公司发函催告，要求其协助 B 公司开展尽职调查工作并继续履行意向书。2010 年 2 月 3 日，张某与 C 公司致函 B 公司，以 B 公司迟延支付定金、不按时开展尽职调查为由通知其解除意向书，B 公司遂诉至法院，请求张某、C 公司继续履行《股权转让意向书》。

**办案复盘**

### 一、预约合同的效力

从《民法典》的立法目的解释来看，预约合同是一个独立合同，因此，预约合同的效力也遵循合同成立及生效的基本规则，合同无效（包括民事法律行为无效）的规定也适用于预约合同。而本书所讨论的预约合同的效力则主要集中在司法实务中常出现的一种情形，即法律规定本约有效的前提是当事人需具备特定资质或者履行特定程序，否则本约无效。

对于法律规定合同当事人需具备特定资质的情形，如在商品房销售中，开发商与购房者签署了购房意向书，该意向书亦构成预约合同，但在签订该预约合同时，开发商尚未取得商品房预售许可证，那么，双方签订的购房意向书（预约合同）是否因此而无效？对此，实务判例一般持否定观点，即一般不认定合同无效。其原因在于，如果当事人双方签订的法律文件被认定为预约合同，而预约合同的核心目的在于将来订立本约，则法律强制性规定的交易资质的要求也仅约束本约而不包括预约。例如，在最高人民法院公报案例"仲某清诉上海市金某大邸房地产项目开发有限公司合同纠纷案"中，一审法院在评判预约合同的效力时就认为："涉案意向书是在原、被告双方均对被告能够合法取得相关许可证书有合理的预期的情形下，对原、被告将来签订房屋预售合同的预先约定，涉案意向书并非预售合同，法律对商品房预售合同的强制性规定并不适用于预约合同。即使金某大邱公司出于种种原因最终没有取得相关许可，也不因此导致对预约合同本身效力的否定。"二审法院对此予以维持。

对于法律规定合同约定的交易应履行必要程序的情形，如建设工程合同领域常见的必须经招投标手续才认定建设工程施工合同有效的规定。如果当事人就未来签订建设工程施工合同达成意向性的预约合同，那么，前述必须经招投标的规定是否也适用于预约合同？司法实务中同样持否定态度，但须同时具备两个前提条件：一是仅限于简单预约和典型预约——仅对交易主体、交易标的、价款预估等进行约定的预约合同；二是必须在合同中明确约定将来经过招投标手续后另行订立正式建设工程施工合同这一内容。例如，在（2018）最高法民申1115号案中，最高人民法院认为："根据该《协议书》的内容可知，兆某公司是在将来一定时间内通过合法程序把案涉工程发包给华某分公司施工，且双方将来还要再签订《建设工程施工合同》……《协议书》符合预约合同的特征……既然《协议书》属于预约合同，不是建设工程施工合同，则不应按照《最高人民法院关于审理建设工程施工合同纠纷案件适用法律问题的解释》第一条的规定确认合同无效。"

**二、法院能否判决强制缔结本约**

根据《民法典》对预约合同的定义可知，预约合同中当事人的义务就是订立本约合同。如果一方当事人不履行订立本约合同的义务，按照《民法典》第五百七十七条规定的违约责任形态，是包括继续履行的，那么预约合同中是否也可以请求继续履行？即法院可否强制双方缔结本约？对于这一问题，无论是理论界还是司法实务中，均存在争议。其中，不支持法院判决强制缔结本约的观点主要理由在于以下两点。

第一，预约合同虽然具有独立性，但其根本目的和内容仍然是在将来缔结本约，而是否缔结本约则完全属于当事人意思自治的范畴，法律亦应尊重当事人意愿和自由意志。如果法院判决继续履行预约合同，强制当事人双方缔结本约，则有违意思自治和民法自愿原则。

第二，从订立本约合同的实际流程来看，是双方当事人经过不断磋商、缩小意思表示不一致的差距并最终达成合意的一个往复的过程，因此，这也需要当事人双方互相配合。如果违约方不配合缔结本约或者认为双方的差距太大，即使经磋商也无法达成一致，那么，法院不能强迫当事人配合订立本约，因为法院无法对人的意志进行强迫，即无法强迫当事人作出意思表示。《民法典》第五百八十条第一款规定了三种违约方可以拒绝履行的情形，而强制要求违约方配合订立本约，就属于其中"法律上或者事实上不能履行"的情形。

实务判例中也常援引上述两种理由不支持强制缔结本约。例如，在（2016）最高法民申200号案中，最高人民法院认为："预约合同作为一个独立的合同，其违约责任形式可以包括继续履行，但可由人民法院强制缔结本约的法律依据并不充分，否则有违合同意思自治原则，亦不符合强制执行限于物或行为的给付而不包括意志给付的基本原理。"深圳中院在广东省高院指令再审的（2018）粤03民终1164号案中也认为："新某洲公司与张某林、深某家私公司双方签订的《房屋拆迁补偿意向书》属于预约合同……双方负有就正式拆迁补偿协议内容进一步磋商的义务，并无必须缔约的义务，至于能否达成正式拆迁补偿协议，应视当事人之后具体的协商结果而定。新某洲公司诉请张某林、深某家私公司继续履行合同与其签订正式拆迁补偿协议缺乏法律依据，本院不予支持。"

对于上述争议，最高人民法院在其编著的《中华人民共和国民法典合同编理解与适用》[①]一书中参考了学者的案例研究成果，认为根据预

---

① 最高人民法院民法典贯彻实施工作领导小组主编：《中华人民共和国民法典合同编理解与适用》，人民法院出版社2020年版。

约合同的不同类型来最终判决是否强制当事人缔结本约,即对于简单预约和典型预约——仅对交易主体、交易标的、价款预估等进行约定的预约合同,不宜判令强制缔结本约;而对于完整预约——预约合同已具备本约合同的主要条款和内容,即使不订立本约也可以履行并确定双方的权利义务,则可以视情况(如完整预约合同已部分或者绝大部分履行并为当事人双方所接受)判令强制缔结本约。

除此之外,最高人民法院同时明确指出:"意思自治是民商事活动的基本原则,法院不能代当事人为意思表示,强制缔约诉请虽可支持,但应审慎适用……即对司法的高强度介入持谨慎态度,保持应有的谦抑性。"再一次强调并支持了当事人意思自治和民法自愿原则的重要性与根本地位。

### 律师建议

第一,建议在起草预约合同时,避免出现可能被认定为本约合同的模糊表述或歧义条款。

第二,如果仅仅是磋商阶段的意向性协议,则并无实质性效力,最好在合同中注明。比如,只是作为本阶段谈判的阶段性成果,或者约定下次磋商的时间、地点等。

第三,审慎对待意向书、备忘录。这类文书记载的内容通常为当事人合作意向或者磋商记录,其可能成为日后订约的纲领性文件,却不具备锁定未来必然订约的作用。

第四,违约责任的约定应该合理、具体、清晰。包括但不限于当事人为了磋商、订立预约合同及准备订立本约合同所支付的成本,以及因违反预约合同而造成的损失范围。

第五,在签订预约合同之前,应将未来待签署之本约合同关键条款经过磋商达成共识。以免未来因对本约合同的关键性条款无法达成共识拒绝签署而构成违约，给自己带来损失。

### 参考法条

**《民法典》**

第四百九十五条 当事人约定在将来一定期限内订立合同的认购书、订购书、预订书等，构成预约合同。

当事人一方不履行预约合同约定的订立合同义务的，对方可以请求其承担预约合同的违约责任。

**《最高人民法院关于审理商品房买卖合同纠纷案件适用法律若干问题的解释》**

第五条 商品房的认购、订购、预订等协议具备《商品房销售管理办法》第十六条规定的商品房买卖合同的主要内容，并且出卖人已经按照约定收受购房款的，该协议应当认定为商品房买卖合同。

**《最高人民法院关于适用〈中华人民共和国民法典〉合同编通则若干问题的解释》**

第六条 当事人以认购书、订购书、预订书等形式约定在将来一定期限内订立合同，或者为担保在将来一定期限内订立合同交付了定金，能够确定将来所要订立合同的主体、标的等内容的，人民法院应当认定预约合同成立。

当事人通过签订意向书或者备忘录等方式，仅表达交易的意向，未约定在将来一定期限内订立合同，或者虽然有约定但是难以确定将来所要订立合同的主体、标的等内容，一方主张预约合同成立的，人民法院不予支持。

当事人订立的认购书、订购书、预订书等已就合同标的、数量、价款或者报酬等主要内容达成合意，符合本解释第三条第一款规定的合同成立条件，未明确约定在将来一定期限内另行订立合同，或者虽然有约定但是当事人一方已实施履行行为且对方接受的,人民法院应当认定本约合同成立。

### 案例延伸

#### 一、(2018) 最高法民终 661 号

《最高人民法院关于审理买卖合同纠纷案件适用法律问题的解释》第二条规定:"当事人签订认购书、订购书、预订书、意向书、备忘录等预约合同,约定在将来一定期限内订立买卖合同,一方不履行订立买卖合同的义务,对方请求其承担预约合同违约责任或者要求解除预约合同并主张损害赔偿的,人民法院应予支持。"根据上述规定,预约合同以签订本约为目的,预约各方应当诚信磋商,除不可归责于预约各方的事由外,双方应当缔结本约,一方不履行诚信磋商义务拒绝缔结本约的,应当承担违约责任。《框架协议》第八条第二款约定:"若任一方违反诚实信用的原则,就最终交易价格的确定对经交易双方多次协商后确定的总对价原则进行重大改变,从而导致本次交易无法达成的,属于根本违约,违约方应当向守约方支付赔偿金人民币 2 亿元。若该违约金无法弥补守约方的损失的,违约方还应承担全部的赔偿责任。但双方就评估价值达不成一致意见的除外。"根据上述约定可知,构成案涉交易的根本违约需符合以下构成要件:第一,违反诚信磋商义务;第二,对双方确定的总对价原则进行重大改变;第三,行为人违反诚信磋商义务对总对价原则进行重大改变导致交易无法达成……在签订本约过程中,一方拒绝签订本约,并不当然构成预约违约,需进一步判断拒绝签订本约一方是否违反预约合同的诚信磋商义务,即其磋商行为是否违反预约合同的明确约定,或在预约合同无明确约定的情况下,其磋商行为是否符合法律法规、行业惯例、交易习惯及公平原则等。薪某公司所举证据不足以认定蓝某公司存在违反《框架协议》和《会议纪要》的约定、对总对价

原则进行重大改变的行为，亦不足以认定蓝某公司存在违反法律法规、行业惯例、交易习惯及公平原则的行为。依照《最高人民法院关于适用〈中华人民共和国民事诉讼法〉的解释》第九十条"当事人对自己提出的诉讼请求所依据的事实或者反驳对方诉讼请求所依据的事实，应当提供证据加以证明，但法律另有规定的除外。在作出判决前，当事人未能提供证据或者证据不足以证明其事实主张的，由负有举证证明责任的当事人承担不利的后果"的规定，薪某公司要求蓝某公司因其违反诚信磋商义务而应承担支付违约金 2 亿元并赔偿其他损失 5000 万元的主张缺乏事实依据，一审法院不予支持。

## 二、(2018) 最高法民终 914 号

关于案涉《意向书》的效力问题。合同有预约合同和本约合同之分，预约合同是当事人约定未来订立一定合同的合同；而本约合同则是为了履行预约合同而订立的合同，签订预约合同的目的是订立本约。本案中，双方签订的《意向书》虽然明确了房屋单价、总价、付款时间等基本条款，某机关事务局亦支付了部分房款，但房屋的开发建设是专门针对某自治区的党政机关进行的，并非开发商向不特定社会公众进行销售的商品房买卖合同。且，双方在协议中明确约定须在银某规划设计院取得案涉项目销售许可后，在《意向书》的基础上签订正式的商品房买卖合同，《意向书》尚不具备商品房买卖合同应当具有的主要内容。故，《意向书》属于签订正式商品房买卖合同前的基础性合同，一审法院对合同性质认定并无不当，应予维持。此外，《意向书》作为预约合同，是谈判磋商期间对未来事项的预先规划，是对双方交易房屋有关事宜的初步确认。某机关事务局作为国家行政机关做出预约的意思表示应当履行何种前置程序，对此并无法律明文规定。银某规划设计院以某机关事务局行政机关身份签订《意向书》违反《合同法》①第五十二条第四项

---

① 现已失效。

的规定，应属无效，该理由不能成立。《意向书》系预约合同，双方约定案涉项目取得销售许可后，在《意向书》的基础上须签订由银某市工商行政管理局和住房保障局监制的商品房买卖合同。由此可知，《意向书》是双方当事人的真实意思表示，不违反法律、法规的强制性规定，应当认定为有效。在本案中，某机关事务局明确表示不再继续履行合同，且请求解除合同。一审判决结合案件客观实际情况，根据《合同法》第九十四条"有下列情形之一的，当事人可以解除合同……（二）在履行期限届满之前，当事人一方明确表示或者以自己的行为表明不履行主要债务……（四）当事人一方迟延履行债务或者有其他违约行为致使不能实现合同目的……"的规定，认定本案合同目的已无法实现，应予解除，适用法律正确；依照《合同法》第九十七条"合同解除后，尚未履行的，终止履行；已经履行的，根据履行情况和合同性质，当事人可以要求恢复原状、采取其他补救措施、并有权要求赔偿损失"的规定，判令银某规划设计院返还某机关事务局已支付的3亿元，并无不当，本院予以维持。

**三、最高人民法院发布十起《最高人民法院关于适用〈中华人民共和国民法典〉合同编通则若干问题的解释》相关典型案例（2023年12月5日）案例：某通讯公司与某实业公司房屋买卖合同纠纷案**

【裁判要点】

判断当事人之间订立的合同是本约还是预约的根本标准应当是当事人是否有意在将来另行订立一个新的合同，以最终明确双方之间的权利义务关系。尽管当事人对标的、数量以及价款等内容进行了约定，但如果约定将来一定期间仍须另行订立合同，就应认定该约定是预约而非本约。当事人在签订预约合同后，已经实施交付标的物或者支付价款等履约行为，应当认定当事人以行为的方式订立了本约合同。

**【简要案情】**

2006年9月20日，某实业公司与某通讯公司签订《购房协议书》，对买卖诉争房屋的位置、面积及总价款等事宜作出约定，该协议书第三条约定在本协议原则下磋商确定购房合同及付款方式，第五条约定本协议在双方就诉争房屋签订房屋买卖合同时自动失效。某通讯公司向某实业公司的股东某纤维公司共转款1000万元，某纤维公司为此出具定金收据两张，金额均为500万元。次年1月4日，某实业公司向某通讯公司交付了诉争房屋，此后该房屋一直由某通讯公司使用。2009年9月28日，某通讯公司发出《商函》给某实业公司，该函的内容为：因受金融危机影响，且房地产销售价格整体下调，请求某实业公司将诉争房屋的价格下调至6000万元左右。当天，某实业公司发函给某通讯公司，要求其在30日内派员协商正式的房屋买卖合同。某通讯公司于次日回函表示同意商谈购房事宜，商谈时间为同年10月9日。2009年10月10日，某实业公司发函致某通讯公司，要求某通讯公司对其拟定的《房屋买卖合同》作出回复。

当月12日，某通讯公司回函对其已收到上述合同文本作出确认。2009年11月12日，某实业公司发函给某通讯公司，函件内容为双方因对买卖合同的诸多重大问题存在严重分歧，未能签订《房屋买卖合同》，故双方并未成立买卖关系，某通讯公司应支付场地使用费。某通讯公司于当月17日回函，称双方已实际履行了房屋买卖义务，其系合法占有诉争房屋，故无须支付场地使用费。2010年3月3日，某实业公司发函给某通讯公司，解除其与某通讯公司于2006年9月20日签订的《购房协议书》，且要求某通讯公司腾出诉争房屋并支付场地使用费、退还定金。某通讯公司以其与某实业公司就诉争房屋的买卖问题签订了《购房协议书》，且其已支付1000万元定金，某实业公司亦已将诉争房屋交付其使用，双方之间的《购房协议书》合法有效，且以已实际履行为由，认为其与某实业公司于 2006 年 9 月 20 日签订的《购房协议书》已成立并合法有效，请求判令某实业公司向其履行办理房屋产权过户登记的义务。

**【判决理由】**

法院生效裁判认为，判断当事人之间订立的合同系本约还是预约的根本标准应当是当事人的意思表示，即当事人是否有意在将来订立一个新的合同，以最终明确在双方之间形成某种法律关系的具体内容。如果当事人存在明确的将来订立本约的意思表示，那么，即使预约的内容与本约已经十分接近，且通过合同解释，从预约中可以推导出本约的全部内容，也应当尊重当事人的意思表示，排除这种客观解释的可能性。不过，仅就案涉《购房协议书》而言，虽然其性质应为预约，但结合双方当事人在订立《购房协议书》之后的履行事实，某实业公司与某通讯公司之间已经成立了房屋买卖法律关系。对于当事人之间存在预约还是本约关系，不能仅凭一份孤立的协议就简单地加以认定，而应当综合审查相关协议的内容以及当事人嗣后为达成交易进行的磋商甚至是具体的履行行为等事实，从中探寻当事人的真实意思，并据此对当事人之间法律关系的性质作出准确的界定。本案中，双方当事人在签订《购房协议书》时，作为买受人的某通讯公司已经实际交付了定金并约定在一定条件下自动转为购房款，作为出卖人的某实业公司也接受了该交付。在签订《购房协议书》的三个多月后，某实业公司将合同项下的房屋交付给某通讯公司，某通讯公司接受了该交付。而根据《购房协议书》的预约性质，某实业公司交付房屋的行为不应视为对该合同的履行，在当事人之间不存在租赁等其他有偿使用房屋的法律关系的情形下，某实业公司的该行为应认定为系基于与某通讯公司之间的房屋买卖关系而为的交付。据此，可以认定当事人之间达成了买卖房屋的合意，成立房屋买卖法律关系。

# 第三章　生活合同纠纷

# 自由职业者如何维护自身合同权益

### 案件背景

自由职业者是独立于企业和组织的自我雇用人士，他们通常是在自己的工作领域内拥有专业技能和经验的专业人员，如翻译、设计师、编程人员、作家等。

随着科技的进步和就业环境的变化，以自由职业者为主体的灵活用工模式顺应时代发展，已经成为一种不可忽视的新型用工形式。一些研究显示，自由职业者在许多国家和地区的劳动力市场中占据了相当大的比例。这些自由职业者往往能够获得较高的收入，并且可以根据自己的喜好和需求自由安排工作时间与地点。

但自由职业者也面临着许多挑战，典型的如税务问题、劳动保障问题、行业竞争问题等。2021年，人力资源和社会保障部等八部门共同发布了《关于维护新就业形态劳动者劳动保障权益的指导意见》，对灵活就业人员权益的维护提出了指导意见。

本案解析的是自由职业者常遇到的合同纠纷问题，与一般的劳动合同关系相比，自由职业者与他人建立的通常是劳务合同关系、承揽合同关系、服务合同关系等，面临的法律问题往往更为复杂，也更容易引发合同纠纷。

### 案情简介

贾女士是一名自由职业者，主要为企业和组织活动提供翻译服务。自2012年起，贾女士与元某公司建立合作关系，双方合作模式如下：

1.由元某公司员工A某通过元某公司邮箱或其个人邮箱向贾女士下单翻译项目。2.贾女士工作完成后将成果及清单提交到对应的邮箱。3.先经A某确认项目完成情况后,再由案外人B某向贾女士支付相应的报酬。双方虽然从未签订任何书面合同,但合作多年并未出现纠纷。

从2018年起,元某公司陆续出现拖欠贾女士服务费的情况,截至2019年年末,元某公司共拖欠贾女士26个笔译项目和10个口译项目的费用。贾女士多次向元某公司、A某和B某讨要均未果,最终贾女士决定通过法律手段维护权益。

### 办案复盘

笔者在了解案件情况后发现,本案有不少对贾女士不利之处:首先,贾女士从未与元某公司签订任何书面合同。其次,贾女士的工作任务有时由A某通过个人邮箱发送,虽然A某是元某公司的员工,但无法因此认定贾女士是为元某公司提供服务。最后,向贾女士支付服务报酬的B某并非元某公司员工,且与元某公司没有直接关联。

笔者认为,想要成功维权,需要重点解决两个问题:第一,A某向贾女士发布任务的行为能否代表元某公司。第二,贾女士与元某公司之间是否形成事实上的服务合同关系。

好在贾女士与元某公司工作交接都是通过邮件进行,这为笔者取证降低了难度,笔者收集的证据主要有以下三类。

第一,自2012年起贾女士与元某公司形成了由员工A某通过邮件确认工作内容,完成工作后由案外人B某付款的交易惯例,一直持续到2019年。2018年至2019年的欠款服务项目,亦通过同样的方式进行。

第二,案外人B某虽不是元某公司员工,而是案外人达某公司员工,但元某公司和达某公司长期存在业务来往,故达某公司才会将服务费用直接支付给贾女士。并且,贾女士在元某公司办公场所提供口译服务时，B某也经常在现场。

第三，A某、B某虽然经常通过个人邮箱发送确认单等文件，但其中主要文件大多载有元某公司的标识，包括项目名称、服务地点及时长等。

以上证据可以形成较为完整的证据链，证明A某、B某代表元某公司与贾女士之间有事实上的服务合同关系，形成了一定的交易习惯，故元某公司应向贾女士支付拖欠的服务费用。在收集完整证据后，笔者立即代贾女士向法院提起诉讼，要求元某公司支付拖欠贾女士的全部翻译项目的费用。

本案虽然标的不大，但审理过程颇为曲折，一审法院非常慎重，组织了多次庭审，二审也组织了两次庭审。其间，元某公司也数次提出抗辩意见，包括以下三点。

一是双方之间并不存在交易习惯，贾女士提出的交易习惯是其他项目的，与欠款项目没有关联。

二是A某和B某向贾女士下达工作任务未经元某公司授权，与元某公司无关。B某非元某公司员工，其向贾女士付款的行为不代表元某公司向贾女士履行付款义务。

三是没有证据证明元某公司曾向贾女士支付翻译费，A某发送付款确认单不足以认定元某公司与贾女士之间曾就任何翻译项目形成过服务合同关系和交易习惯。

对此，笔者提出，不管是从A某与贾女士往来邮件（相关订单均载有元某公司的标识，包含项目名称、服务地点及时长等），还是基于双方合作多年的交易惯例，均能够证明双方之间形成了服务合同关系，元某公司理应向贾女士支付相应的服务费用。

法院经审理后认为，本案的争议焦点为贾女士与元某公司之间是否形成事实上的服务合同关系。第一，从时间上分析，贾女士与元某公司的合作关系始于2012年，双方在发生服务费纠纷之前已合作多年，从2018年开始出现元某公司拖欠贾女士服务费的情况，从而导致本案诉讼。第二，从双方具体操作层面分析，贾女士与A某、B某之间的往来邮件，以及银行转账凭证等证据可以证明双方之间存在由A某向贾女士下单，贾女士完成翻译项目后将工作成果发送至邮箱，再由A某确认并由B某支付相应款项的行为，结合在案证据，可以认定双方之间已形成上述交易习惯，本案系争翻译项目下单、交付的过程符合交易习惯的特征。第三，元某公司在一审提交的证据中称B某系案外人达某公司员工，元某公司事实上与达某公司合作并向客户提供翻译服务，可以确认元某公司、达某公司、B某之间存在合作关系。第四，贾女士、A某、B某来往的邮件载有元某公司的标识，且工作内容与元某公司业务相关，应当认为A某、B某的行为代表元某公司的行为。通过上述分析，本院认为，贾女士与元某公司事实上已形成服务合同关系。对于本案系争的翻译项目，在贾女士按照交易习惯完成工作后，元某公司应当向贾女士支付相应款项。

**律师建议**

关于交易习惯的定义，法律没有明确的规定。《民法典》第五百一十条规定："合同生效后，当事人就质量、价款或者报酬、履行地点等内容没有约定或者约定不明确的，可以协议补充；不能达成补充协议的，按照合同相关条款或者交易习惯确定。"

最高人民法院判例（2014）民二终字第186号判决书显示："由此证明中某公司与山某公司之间，相同的交易方式多次使用，相对固定，而中某公司与山某公司对此前三次交易均无异议，应视为有固定的交易惯例。"可见，以相同的交易方式，多次、相对固定进行的交易，可以理解为交易习惯。本案中，贾女士和元某公司自2012年起通过相同的交易方式，长时间多次进行交易，应当认为双方存在交易习惯。

有些人认为，我国民事审判中法官占有核心地位。但其实，律师在办案时的表现，会很大程度上影响法官对律师提出的意见和案件的重视程度。例如，在本案中笔者提交了详细的证据材料和代理意见，对主张的每一笔服务费用都列明了详细的证据，这样的专业表现会让法官更倾向于采信律师的观点。主审法官对本案也颇为重视，为查清本案事实，一审法官共三次开庭，两次组织庭外调解，另有一次就双方服务内容及清单进行当面核对。

实务中，很多案件都很难取得与证明目的有关的直接证据，往往需要靠多份间接证据来达到证明目的。本案中，贾女士并未和元某公司签订任何书面合同，但笔者通过收集相关邮件、交易习惯等其他侧面证据对证明目的进行综合佐证，得到了法官的认可。

随着数字技术和共享经济的发展，自由职业者也面临新的机遇和挑战。通过在线平台，自由职业者可以更加便捷地与客户联系，但也可能会面临竞争加剧和收入不稳定等问题。笔者认为，政府和社会还需要更好地关注和保护自由职业者的权益及利益，以确保他们能够获得公正的待遇和保障。

笔者在和贾女士沟通的过程中发现，她是一名非常优秀的翻译工作者。无论是学识还是谈吐都很不凡，因其从未在提供翻译服务时与合作方签订过任何书面合同，从而在发生纠纷时面临不利后果。笔者认为，这一方面是因为其法律风险意识不足，另一方面是因为自由职业者往往处于交易劣势地位。毕竟，相较于提供服务方势单力薄的个人，被服务方一般是企业、组织。自由职业者维权成本高、难度大，所以不少服务者在权益受损时，往往选择不了了之。对此，笔者提醒应注意以下三点。

1. 自由职业者最好签订有效的书面服务合同。不能签订书面合同的，双方也要通过相对正式的形式对当事人、标的、数量、质量、期限、报酬等重要条款进行确认。

2. 注意留存合同、微信聊天记录、电子邮件等证据材料。在出现纠纷后应及时将其固定下来并作为诉讼的证据使用。

3. 在权益受损时，及时维权。防止时间过久出现证据毁损灭失、超过诉讼时效等不利情形。

**参考法条**

**《民法典》**

第四百九十条第二款　法律、行政法规规定或者当事人约定合同应当采用书面形式订立，当事人未采用书面形式但是一方已经履行主要义务，对方接受时，该合同成立。

第五百一十条　合同生效后，当事人就质量、价款或者报酬、履行地点等内容没有约定或者约定不明确的，可以协议补充；不能达成补充协议的，按照合同相关条款或者交易习惯确定。

**《最高人民法院关于适用〈中华人民共和国民法典〉合同编通则若干问题的解释》**

第二条　下列情形，不违反法律、行政法规的强制性规定且不违背公序良俗的，人民法院可以认定为民法典所称的"交易习惯"：

（一）当事人之间在交易活动中的惯常做法；

（二）在交易行为当地或者某一领域、某一行业通常采用并为交易对方订立合同时所知道或者应当知道的做法。

对于交易习惯，由提出主张的当事人一方承担举证责任。

## 案例延伸

**一、（2014）民二终字第 186 号**

法院观点：双方在合同履行过程中已经形成相对固定的交易模式、交易习惯等交易惯例，此前三次交易的钢材交货方式均为：钢材从山某公司出库后，先通过禄某公司委托的全某物流运至上海铁某路码头，再由通某物流运至上海市宝山区飞云路××号，通某物流的送货单据上载明的收货单位均为禄某公司，而相关运输费用亦由禄某公司承担。由此证明，中某公司与山某公司之间，相同的交易方式多次使用，相对固定，而中某公司与山某公司对此前三次交易均无异议，应视为有固定的交易惯例。

**二、（2022）最高法知民终 10 号**

法院观点：《合同法》① 第六十一条规定："合同生效后，当事人就质量、价款或者报酬、履行地点等内容没有约定或者约定不明确的，可以协议补充；不能达成补充协议的，按照合同有关条款或者交易习惯确定。"因此，当软件开发合同未约定软件的交付期限、具体功能以及验收标准时，可以根据涉案合同其他条款的内容及合同履行过程中双方的协商情况，并结合涉案软件的开发目标和软件开发行业通常的验收交付流程来确定涉案合同的验收标准与流程。本案中，涉案合同于 2020 年 8 月 15 日签订，合同期为三年，原审法院受理 A 贸易公司的起诉时（2021 年 4 月 14 日）仍在合同履行期限内，B 科技公司已向 A 贸易公司交付微信小程序和 PC 端网站，涉案软件功能存在缺陷，双方就涉案软件的具体功能及交付时间仍在进行协商。原审法院根据涉案合同的履行情况，认为尚不能认定涉案合同的目的不能实现，未支持 A 贸易公司解除合同的请求，具有事实和法律依据，本院予以支持。由于涉案合同仍

---

① 现已失效。

在履行之中，A 贸易公司请求 B 科技公司返还合同价款的主张缺乏法律依据，本院不予支持。双方当事人应当按照约定并遵循诚实信用原则，根据合同的性质、目的和交易习惯履行合同义务。

# 消费欺诈在二手车交易中的认定与应对方法

## 案件背景

随着我国汽车销量的持续增长，二手车市场也日益繁荣，而二手车在交易过程中所产生的纠纷也不断增多。车辆信息不透明、买卖双方信息不对称，是二手车交易的痼疾，有消费者表示"购买二手车像挑盲盒"，因此不少人对二手车消费持谨慎态度。司法实践中，买卖事故车、泡水车、火烧车引发的消费欺诈问题已成为二手车交易中各方产生矛盾和纠纷的主要因素，解决这些问题能有效地促进二手车行业健康发展。

笔者就一起二手车买卖合同纠纷上诉案开展分析，本案二审结果转败为胜，扭转了一审判决要求委托人"退一赔三"的败局，是较为典型的二手车消费欺诈争议案。本案不仅为二手车买卖合同中，买方如何维护自身的合法权益，卖方如何合法经营、规避法律风险，提供了可预见性的司法意见，也为消费者从诚信出发化解纠纷，依法理性维权，避免累诉提供了指引。

## 案情简介

2020年9月，老李与捷某车行签订了二手车买卖合同，约定其以16万元的价格向捷某车行购买二手车一辆，合同注明该车非事故车。2021年，老李到4S店对涉案车辆进行养护时被告知，该车辆曾发生过一次交通事故。老李向捷某车行提出退车退款，并要求按照"退一赔三"的标准赔偿自己48万元，遭到捷某车行拒绝。随即老李起诉捷某车行，认为其在出售该车时明确表示该车辆并非"事故车"，但事实并非如此。捷某车行的行为构成消费欺诈，故老李要求撤销二手车买卖合同，捷某车行向其返还购车款16万元，并按照《消费者权益保护法》的规定三倍赔偿其48万元。一审法院经过开庭审理后认为，捷某车行故意隐瞒车辆的真实情况，构成消费欺诈，故判决支持了老李的诉求。

也就是说，老李在捷某车行购买汽车且免费使用近一年后，不仅无须支付任何费用，还可以索回全部购车款，并获得48万元的赔偿款。对于一审判决，捷某车行认为有失公平，不能接受，但苦于没找到合适的律师，一直拖延至上诉期行将届满才和笔者联系。

### 办案复盘

笔者在接受委托时，距离二审上诉期满只有不到4日，迫在眉睫。越是这样越能考验一个执业律师的业务水平和实践能力，好在笔者在律师行业已工作多年，即使再棘手的案件也能在短时间内厘清思路，找到切入点。在这里笔者先列举一些常用的方法。

1. 梳理该案件可能涉及的法律法规、行业规范、部门规章、地方规定等，构建一套完整的法律适用框架。

2. 收集行业关键词。许多行业都有国家或地方标准，并有相应的标准化文件，其中会对行业术语和规范进行详细的解释，通过阅读这些标准文件可以理解相关行业术语。

3. 阅读该行业的示范合同文本，了解行业相关交易中的核心条款。例如，可以从国家市场监督管理总局的合同示范文本库中搜索下载相关示范文本。

4. 阅读该行业上市公司的年度报告。这些公司是行业佼佼者，相关年报也更贴近业务层面。例如，可以从巨潮资讯网等网站下载相关年报。

5. 通过阅读该行业的行业报告，对行业发展方向、趋势有一个基本的认识。例如，可以从一些智库网站下载相关报告。

6. 检索相关的生效裁判文书。有些裁判文书会对双方当事人提交的证据进行列明，对这些证据进行梳理有助于我们找到办案思路。

7. 在对该行业有了初步的认识后，应当与委托人进行深入沟通，重点交流自行收集信息过程中没能解决案件的争议焦点可能涉及的问题，千万不能不懂装懂。

回到本案，笔者在《二手乘用车鉴定评估技术规范》这一行业的国家标准中找到了"事故车"的定义和鉴定标准。所谓事故车是指：车辆受到撞击或车辆翻覆等外力作用下产生事故因素对车辆钢结构件及车身受到损伤、变形、修复及更换的车辆。并且，只有在发生事故后，车身、底盘等特定部位发生变形、扭曲、更换、烧焊、褶皱几种情形时才属于事故车，并非车辆发生过事故就一定是"事故车"。

另外，经过案例检索，笔者发现，其实近年来二手车交易中车商因隐瞒车辆缺陷，被法院认定消费欺诈而退一赔三的案例很多。但这些案例中的二手车大多存在发生事故重大、里程严重造假、伪造评估报告等问题，车辆具有重大缺陷。而本案中，案涉车辆虽然发生过一次交通事故，但按照前述鉴定标准并不能被定义为"事故车"。本案一审法院仅根据交易车辆发生过一次交通事故就认定该车为事故车，判决捷某车行承担退一赔三的责任确实过于严格，不够公平。有了上述充分的准备，笔者在拟定上诉状时即信手拈来，庭审中更是将事故、重大事故与事故车的区分等专业术语、专门规定陈述得清清楚楚、明明白白，在法律适用方面，更是详细论述了《消费者权益保护法》规定的欺诈行为如何认定，在本案为何不适用消费欺诈等方面做了充分的辩解。

最终，二审法院采纳了笔者的代理意见，判决认为：本案中，被告从事二手车买卖等业务，属于《消费者权益保护法》中的经营者范畴。但认定消费欺诈应当符合"欺诈方主观上有欺诈的故意、客观上实施了欺诈行为、被欺诈人因欺诈陷入错误判断、被欺诈人基于错误判断而作出错误的意思表示"四个要件。案涉车辆虽然发生过交通事故，但根据鉴定标准不属于"事故车"。另外，捷某车行虽未告知老李案涉车辆曾发生事故，导致老李的知情权受到侵犯，但该事故信息其实可以轻易通过各种途径查询到，且老李也未提交捷某车行存在《侵害消费者权益行为处罚办法》第五条规定的欺诈证据，故无法认定捷某车行的行为是消费欺诈。

因此，本案不适用《消费者权益保护法》中关于三倍赔偿的规定。同时改判老李返还车辆，捷某车行在扣除1万元使用费后，将余款15万元归还老李。

**律师建议**

我国《消费者权益保护法》第五十五条第一款规定了三倍惩罚性的赔偿规则。从立法目的而言，该条款主要是希望通过严厉的惩罚来预防和威慑不法的消费欺诈行为，是最严厉的民事责任承担方式。但同时，对该规则的适用还需关注企业的生存和发展问题，在近年来营造良好营商环境的大趋势下，对欺诈的认定以及高额惩罚性赔偿的适用在司法实践中越来越谨慎。《消费者权益保护法》第一条规定，本法的立法宗旨是"为保护消费者的合法权益，维护社会经济秩序，促进社会主义市场经济健康发展"。但如果"一刀切"地支持消费者的诉求则又矫枉过正，应当在法律规定的基础上，基于具体案件的事实和理由，维护个案公平公正，以更好地保护消费者的合法权益。

就欺诈的认定条件而言，应当包含：主观上存在欺诈的故意，目的是使对方陷入错误认识而进行交易行为；客观上存在告知对方虚假情况或者隐瞒真实情况的行为；欺诈行为导致相对人陷入错误认识；相对人基于错误认识而作出错误的意思表示。具体到二手车交易中，认定是否构成交易欺诈需要判断经营者隐瞒的信息是否属于可能影响车辆安全性能、主要功能、基本用途或者对车辆价值产生较大影响，进而影响消费者选择权的重大瑕疵。并以此为判断标准，与一般性侵犯消费者知情权行为进行区分。

目前，二手车行业处在法律纠纷数量与行业发展齐头并进的状态，案件纠纷类型呈现多元化、复杂化趋势。近年来，多地已出台相关规定，对于二手汽车销售市场进行细化规范。例如，《浙江省实施〈中华人民共和国消费者权益保护法〉办法》第二十八条规定："家用二手汽车销售经营者应当对二手汽车的来源是否合法、行驶里程、维修记录、交易记录、车辆存在问题等重要信息在出售前进行全面核查、检测，并将核查、检测的准确结果以书面或者其他可以确认的方式告知消费者。二手汽车的行驶里程、维修等情况无法核查的，应当将无法核查的事实和可能存在的隐患以书面或者其他可以核查的方式告知消费者。经营者应当保证其销售的二手汽车安全性能良好；自开具二手车销售统一发票之日起六十日内或者行驶里程三千公里内（以先到者为准），二手汽车发生安全性能故障的，经营者应当承担包修责任。经营者未按本条第一款的规定对二手汽车进行核查、检测或者隐瞒、谎报核查、检测结果，造成消费者损失的，消费者有权依照《中华人民共和国消费者权益保护法》第五十五条的规定向经营者要求赔偿。"

笔者认为，二手汽车销售经营者应当增强法律意识，严格遵照有关规定，依法合规经营，切勿"捡了芝麻，丢了西瓜"。

消费者在购买二手车时，可以根据有关规定，要求销售者全面提供书面记录和消费凭证作为维权依据。一旦发生纠纷，消费者可通过与经营者协商解决，还可向有关部门申诉或向人民法院提起诉讼。

## 参考法条

**《民法典》**

第一百四十八条 一方以欺诈手段，使对方在违背真实意思的情况下实施的民事法律行为，受欺诈方有权请求人民法院或者仲裁机构予以撤销。

**《最高人民法院关于适用〈中华人民共和国民法典〉总则编若干问题的解释》**

第二十一条 故意告知虚假情况，或者负有告知义务的人故意隐瞒真实情况，致使当事人基于错误认识作出意思表示的，人民法院可以认定为民法典第一百四十八条、第一百四十九条规定的欺诈。

**《消费者权益保护法》**

第二十条第一款 经营者向消费者提供有关商品或者服务的质量、性能、用途、有效期限等信息，应当真实、全面，不得作虚假或者引人误解的宣传。

第五十五条第一款 经营者提供商品或者服务有欺诈行为的，应当按照消费者的要求增加赔偿其受到的损失，增加赔偿的金额为消费者购买商品的价款或者接受服务的费用的三倍；增加赔偿的金额不足五百元的，为五百元。法律另有规定的，依照其规定。

**《侵害消费者权益行为处罚办法》**

第五条 经营者提供商品或者服务不得有下列行为：

（一）销售的商品或者提供的服务不符合保障人身、财产安全要求；

（二）销售失效、变质的商品；

（三）销售伪造产地、伪造或者冒用他人的厂名、厂址、篡改生产日期的商品；

（四）销售伪造或者冒用认证标志等质量标志的商品；

（五）销售的商品或者提供的服务侵犯他人注册商标专用权；

（六）销售伪造或者冒用知名商品特有的名称、包装、装潢的商品；

（七）在销售的商品中掺杂、掺假，以假充真，以次充好，以不合格商品冒充合格商品；

（八）销售国家明令淘汰并停止销售的商品；

（九）提供商品或者服务中故意使用不合格的计量器具或者破坏计量器具准确度；

（十）骗取消费者价款或者费用而不提供或者不按照约定提供商品或者服务。

**第十六条** 经营者有本办法第五条第（一）项至第（六）项规定行为之一且不能证明自己并非欺骗、误导消费者而实施此种行为的，属于欺诈行为。

经营者有本办法第五条第（七）项至第（十）项、第六条和第十三条规定行为之一的，属于欺诈行为。

## 案例延伸

### 一、（2022）鲁民申5871号

法院观点：本案再审审查的焦点问题是原审认定红某二手车公司在销售案涉二手车过程中不存在欺诈适用法律是否正确。

《最高人民法院关于适用〈中华人民共和国民法典〉总则编若干问题的解释》第二十一条规定："故意告知虚假情况，或者负有告知义务的人故意隐瞒真实情况，致使当事人基于错误认识作出意思表示的，人民法院可以认定为民法典第一百四十八条、第一百四十九条规定的欺诈。"案涉二手车辆买卖时存在里程表数据人为改动的情形，红某二手车公司作为销售经营者应当承担举证责任证明其没有改动车辆里程表数据或不知里程表数据已被改动的事实。原审中，红某二手车公司提供了

王某鑫出具的证明，结合一审法院对王某鑫进行的调查，可认定以下事实，即红某二手车公司从王某鑫处接收涉案车辆时里程表数据已经改动为75000千米，且王某鑫并未将车辆里程表数据改动的事实告知红某二手车公司。因此，红某二手车公司不存在故意告知李某通虚假信息或故意隐瞒车辆真实里程信息的情形，原审认定红某二手车公司不构成销售欺诈适用法律正确，举证责任分配亦无不当。李某通主张只要消费者证明了经营者销售了行驶里程被篡改的二手车，即可认定经营者实施了欺诈，于法无据，本院不予支持。红某二手车公司作为二手车的经营者对销售车辆车况负有检测、检验义务，因其未尽到相应义务而使车辆存在里程表虚假的重大瑕疵，原审已经判令其承担退还全部购车款并赔偿李某通其他损失的民事责任。李某通的消费者权益已经依法得到相应保护。李某通以红某二手车公司欺诈为由要求赔偿购车款的三倍，缺乏充分的事实和法律依据，原审不予支持并无不当。

## 二、（2018）沪02民终4592号

本案的第二个争议焦点是捷某公司作为系争车辆的出卖方，未告知车辆买受人赵某宇系争车辆在交付前曾发生水淹事故并更换过发动机，是否构成对消费者的欺诈。对此本院认为，《消费者权益保护法》规定了消费者的知情权、选择权和经营者的相应义务。消费者享有知悉其购买、使用的商品或者接受的服务的真实情况的权利，以及自主选择商品或者服务的权利。而在汽车销售领域，往往涉及大量的专业知识，导致经营者和消费者之间存在严重的信息不对称。具体到本案，首先，系争车辆交易为二手车买卖，消费者的知情权以及信赖利益范围虽不一定完全等同于新车交易，但捷某公司作为专业的二手车经销商，仍应在出卖时对于车辆基本信息负有专业标准的注意义务以及向消费者真实披露的义务。现系争车辆在交付前存在"水淹车"，并更换发动机的维修记录，捷某公司未提供证据证明其已向赵某宇告知了这一汽车核心部件所存在

的重大维修记录，显然侵犯了赵某宇作为消费者的知情权。其次，虽然捷某公司辩称系争车辆更换的系原装发动机，且并不影响车辆的实际使用，故其不构成欺诈，但根据相关二手车市场的专业意见以及一般消费者的普遍认知，更换原装发动机显然仍会对于二手车车辆的价值产生较大影响。因此，捷某公司未履行该告知义务，本身已足以使车辆买受人陷入错误认识；更何况，捷某公司还在双方的《购车协议》中承诺"保证此车发动机……无事故""无泡水"等，其违反了民事活动中的诚实信用原则，属于对消费者的误导，限制了赵某宇作为消费者的选择权。因此，捷某公司隐瞒车辆曾发生水淹事故并更换发动机的行为，侵犯了消费者的知情权与选择权，已构成消费欺诈。

# 民间借贷纠纷办案心得

### 案件背景

民间借贷是除以贷款业务为业的金融机构外的其他民事主体之间订立的，以资金的出借及本金、利息返还为主要权利义务内容的民事法律行为。

相较于银行贷款，民间借贷具有流程简单、手续简便、低门槛、周转快、随需随借、灵活性强等优势，随着市场经济的发展，民间借贷行为越发普遍。但是借钱容易要钱难，无论是碍于颜面还是法律意识淡薄抑或是疏忽大意的原因，实践中民间借贷纠纷的案件量逐年上升。另外，近年来不少民间借贷案件还衍生出虚假诉讼的问题，笔者将结合曾办理的几个案件梳理相关法律问题。

### 案情简介

老赵与小敏系朋友关系。2017年3月，小敏以装修房屋为由向老赵借款人民币30万元，双方约定以年利率5%计息，期限为两年。当日，老赵从家中保险柜中取出现金30万元，步行至小敏经营的超市内向其交付借款，小敏当场出具借条。2019年4月，小敏在老赵的催讨下支付利息3万元，并请求延长借款期限两年。2021年4月，老赵再次向小敏催讨借款，但其仍未能还款。老赵认为，本案借款系小敏向其所借，借条和催款通知单亦由小敏签名确认，但因小敏称借款系用于夫妻共同房屋的装修，故应当由小敏及其丈夫小豪共同承担还款义务。遂请求法院判令小敏、小豪归还借款30万元，并以30万元为本金，支付自2017年3

月起至判决生效之日止按照年利率5%计算的利息。

**办案复盘**

小豪被起诉后向笔者咨询本案，称原告老赵主张的借款事实不存在。第一，自己和小敏在2017年时自有资金很充裕，根本没有举债之必要。第二，他也认识老赵，老赵当时并不具备出借30万元的经济能力，之前老赵从未向自己提及过此事，自己对他主张的借款始终不知情。小豪认为，老赵提供的借条很有可能是小敏事后伪造的。第三，自己和小敏2015年9月结婚，2020年7月开始分居，并于2019年3月签订了协议书，约定对外债务任何一方不确认则不成立，故即使该笔借款存在，也应当是小敏的个人债务。第四，自己曾分别于2020年8月、2021年5月向法院提起离婚诉讼，在这两次诉讼中，小敏均未提及本案借款。目前，两人的第三次离婚诉讼已在审理中。并且，除本案的系争债务外，另有两位债权人也陆续诉至法院要求小豪归还借款。

笔者认为，如果小豪所言属实，那么小敏是典型的通过和他人恶意串通，企图转移财产的虚假诉讼。在接受委托后，笔者在答辩状中主要提出以下两点意见。

第一，小敏具有和第三人恶意串通、通过虚假诉讼虚构婚内债务的嫌疑，无论其是否自认债务，老赵都应对该借贷关系成立并生效的事实承担举证责任。

第二，本案老赵仅提供借据佐证借贷关系，无法提供证据证明借款交付事实，其经济状况、资金来源、交付方式等均有重大嫌疑和矛盾之处，应依据证据规则认定"出借人"未完成举证义务，判决驳回其诉讼请求。

最终法院认为老赵提供的现有证据并未能证明涉案借款的交付事实以及其本人的资金出借能力，其陈述的借款过程亦不符合常理，故应承担举证不能的法律后果，判决驳回原告老赵的全部诉讼请求。

**律师建议**

近年来，民间借贷纠纷已经成为虚假诉讼的重点领域，人民法院会通过审查是否存在出借人明显不具有出借能力、出借人起诉所依据的事实和理由明显不符合常理、出借人不能提交债权凭证或者提交的债权凭证存在伪造的可能、当事人双方在一定期间内多次参与民间借贷诉讼、当事人一方或者双方无正当理由不到庭参加诉讼，以及委托代理人对借贷事实陈述不清或者陈述前后矛盾、当事人双方对借贷事实的发生没有任何争议或者诉辩明显不符合常理、借款人的配偶或合伙人、案外人的其他债权人提出有事实依据的异议、当事人在其他纠纷中低价转让财产、当事人不正当放弃权利等情形，结合借贷发生的原因、时间、地点、款项来源、交付方式、款项流向以及借贷双方的关系、经济状况等事实，综合判断是否属于虚假诉讼。

本案中，小敏和老赵在提交的证据与金钱的交付上明显不能形成证据链，达不到证据链上的法律真实，在借贷发生原因、时间、地点、款项来源、交付方式、款项流向等方面存在矛盾之处，故不被法院支持也在情理之中。

实际上，随着人民法院对民间借贷案件真实性的审查越发严格，有一些确实发生的民间借贷因证据瑕疵等而使出借人的权益主张也受到影响。笔者结合自身办理的一系列案件，对民间借贷纠纷的高风险点总结如下。

**一、借条的形式**

笔者遇到过借条中的借款人写的是化名，如"小美"，导致无法确认借款人真实身份的情况。建议在向他人出借款项时，一定要让借款人出示身份证原件，保留一份复印件，并要求借款人按照规范的格式书写借条。借条中要写明借贷双方与身份证一致的姓名全称、身份证号码，并同时书写借款金额的大写和小写数字，且借款金额的大小写数字之间不要出现空格以及断行（具体格式见附录示范文本）。借款的给付最好通过银行、微信或者支付宝转账完成，且在备注中写明是借款。无论双方在借款之前沟通得多好，之后的情况变化双方都无法掌控，做好前期工作，才能最大限度地维护自身合法权益。

## 二、民间借贷中的复利问题

复利俗称"利滚利"，一直是民间借贷纠纷中比较复杂的问题。《四川省高级人民法院关于审理民间借贷纠纷案件若干问题的指导意见》第三十七条对复利的定义为"在借贷关系中，出借人将借款人到期应付而未付的利息计入本金再计算利息"。第一，因为实践中复利的存在比较隐蔽，一般不会在债权凭证上明确，故计算变得相对困难；第二，因为司法解释对复利的规定较为晦涩，当事人往往难以理解透彻。按照《最高人民法院关于审理民间借贷案件适用法律若干问题的规定》（2020年第二次修正）的规定，利息的合法上限为合同成立时一年期贷款市场报价利率的四倍，连续多次重新出具债权凭证的本息收益，须同时满足分期本息与最终一期本息均不超一年期贷款市场报价利率四倍的双重限制。

## 三、电子数据证据的效力及留存问题

实践中，通过QQ、短信、微信聊天、电子邮件对借贷前双方磋商、逾期还款的催要等已经非常常见，一旦发生纠纷，很多证据都保存在手机、电脑里，属于电子数据证据。对于电子数据证据的保存和举证，笔者建议可以采用截图、拍照或录音、录像等方式对内容进行固定，并将相应图片的纸质打印件、音频、视频的存储载体（如优盘、光盘）编号后提交法院。由于诉讼周期不确定，原始载体可能遭受数据丢失或删除等风险，因此在准备诉讼材料时可以向公证机关申请对电子数据证据的公证。

不过，在诉讼过程中，即使按照上述规范提交相关电子数据证据，如对于一方主张的通信双方身份，另一方不予认可且现有证据不足以证明的，除非能够提交证明身份的其他证据予以佐证，否则对提出主张的用户身份可以不予采信。

**参考法条**

我国现行有效的法律法规对民间借贷的规定主要集中在《民法典》和《最高人民法院关于审理民间借贷案件适用法律若干问题的规定》中。

其中，《民法典》对民间借贷的规定主要体现在总则编和合同编中，分别对借贷合同的效力、履行等作了基础性的规定，但对于没有借贷合同、仅有转账行为或者借条等债权凭证的情况没有规定。《最高人民法院关于审理民间借贷案件适用法律若干问题的规定》则更为细节地规定了民间借贷的认定和利息等相关问题。

**案例延伸**

### 一、（2019）最高法民终133号

民间借贷合同是否已成立、生效并全面实际履行，应从签约到履约两方面来判断，出借人应举示借款合同、银行交易记录、对账记录等证据证明，且相关证据应能相互印证。

当事人以签订股权转让协议的方式为民间借贷债权进行担保，此种非典型担保方式为"让与担保"。在不违反法律、行政法规效力性、强制性规定的情况下，相关股权转让协议有效。签订股权让与担保协议并依约完成股权变更登记后，借款人未能按期还款，当事人又约定对目标公司的股权及资产进行评估、抵销相应数额债权、确认此前的股权变更有效，并实际转移目标公司控制权的，此时应认定当事人就真实转让股权达成合意并已实际履行。以此为起算点一年以后借款人才进入重整程序，

借款人主张依企业破产法相关规定撤销该以股抵债行为的，不应支持。

对于股权让与担保是否具有物权效力，应将是否已按照物权公示原则进行公示作为核心判断标准。在股权质押中，质权人可就已办理出质登记的股权优先受偿。在已将作为担保财产的股权变更登记到担保权人名下的股权让与担保中，担保权人形式上已经是担保标的物的股权持有者，其就作为担保的股权所享有的优先受偿权利更应受到保护，原则上享有对抗第三人的物权效力。当借款人进入重整程序时，确认股权让与担保权人享有优先受偿的权利，不构成《企业破产法》第十六条规定所指的个别清偿行为。

以股权设定让与担保并办理变更登记后，让与担保权人又同意以该股权为第三人对债务人的债权设定质押并办理质押登记的，第三人对该股权应优于让与担保权人受偿。

## 二、(2014) 民一终字第 38 号

《合同法》① 第一百二十五条第一款规定："当事人对合同条款的理解有争议的，应当按照合同所使用的词句、合同的有关条款、合同的目的、交易习惯以及诚实信用原则，确定该条款的真实意思。"双方当事人签订的合同为《担保借款合同》，具体到该合同第四条第一款约定的目的，是保证款项的出借方对款项使用情况的知情权、监督权，以便在发现借款人擅自改变款项用途或发生其他可能影响出借人权利的情况时，及时采取措施、收回款项及利息。用目的解释的原理可以得知，提供不真实的材料和报表固然会影响出借方对借款人使用款项的监督，而不提供相关材料和报表却会使出借人无从了解案涉款项的使用情况，不利于其及时行使自己的权利。因此，借款人在借款后两年多的时间里，从未向出借人提供相关材料和报表，属于违约。

---

① 已失效。现参照《民法典》第一百四十二条第一款："有相对人的意思表示的解释，应当按照所使用的词句，结合相关条款、行为的性质和目的、习惯以及诚信原则，确定意思表示的含义。"

# 租房套路深，租户易踩坑——房屋租赁合同纠纷

### 案件背景

租房套路深，租户易踩坑。实务中，承租人转租的情况很常见，其中不乏未经出租人同意擅自转租的情况。有些承租人想通过转租的方式赚取租金差价，还有些承租人不想继续租赁房屋，又碍于提前退租需要承担违约责任，于是想通过转租的方式分担租金。

擅自转租，即指承租人未经出租人同意，擅自将承租的房屋转租给次承租人的行为，擅自转租常给次承租人带来各类损失。相较于原《合同法》，《民法典》对擅自转租行为做了部分修改，如擅自转租合同的效力问题等。笔者将通过亲历案件，剖析相关案件办理心得。

### 案情简介

小帅与小美于2021年签订《房屋场地租赁协议》，约定小帅将一处场地出租给小美作为货运仓库。小美在承租前询问小帅是否有权转租该房屋，小帅承诺转租已得到原出租人的同意。故小美放心地租下场地，并支付了半年租金和押金。

小美承租场地后，开始筹备经营工作。她招募了一批员工，租下了一台大型搬货机，还进行了一些必要的装修，共计支出40余万元。

但承租不足一个月，还未开展经营活动，小美就收到老王的通知。老王称，该场地是其所有，小帅承租后转手就和小美签订了"背靠背"协议，赚取差价。自己和小帅签订的协议中明确约定不允许转租。现在自己因为小帅擅自转租已经和其解除了合同，小美应当立即腾退。小美

蒙了，难道刚投入的巨资就这么打水漂了？她想找小帅讨个说法，小帅却失踪了。无奈之下，小美找到了笔者，希望委托笔者为其维权。

### 办案复盘

笔者认为，承租人小帅未经老王同意，将房屋租赁给小美，构成了擅自转租。

### 律师建议

《民法典》对转租规则进行了较大的修正，新规则在理论上更自洽，根据《民法典》第七百一十六条第一款的规定，承租人经出租人同意，可以将租赁物转租给第三人。这意味着，承租人在转租房屋时，应当经过出租人的同意。出租人的同意既可以是事前同意，也可以是事后追认。如果承租人未经出租人同意而转租，则出租人可以解除合同。

第一，转租需要出租人同意；未经出租人同意，转租无效。

第二，出租人同意转租，其转租合同约定的租赁期限应当在承租人的剩余租赁期限内，超出承租人剩余租赁期限的转租期间无效。

第三，出租人知道转租的事实，没有明确表示反对的，六个月未表示异议，视为其同意转租，不得主张转租合同无效，主张无效的，人民法院不予支持。

第四，转租合同的第三人即次承租人，可以作为无独立请求权的第三人参加诉讼。

第五，因承租人拖欠租金出租人要求解除合同，次承租人可以代承租人支付租金、违约金等费用的，作为合理的抗辩事由，超出部分可以折抵租金或者向承租人追偿。

第六，次承租人的腾房义务和逾期使用费义务。房屋租赁合同解除后，出租人有权请求负有腾房义务的次承租人支付逾期腾房使用费。

## 一、未经出租人同意擅自转租，转租合同是否有效？

根据《合同法》① 第五十一条的规定，无权处分合同应属效力待定合同，需经权利人追认或者事后取得处分权方为有效。这一规则自实施以来在实务中争议不断。《民法典》对该规则进行了较大幅度的修正，在删除了《合同法》第五十一条的同时，承继了原《最高人民法院关于审理买卖合同纠纷案件适用法律问题的解释》第三条的精神，《民法典》第五百九十七条规定，未取得处分权的买卖合同并非无效合同，买受人可以解除合同并请求出卖人承担违约责任。并且，在2020年《最高人民法院关于审理城镇房屋租赁合同纠纷案件司法解释的理解与适用》中，亦删除了2009年该解释第十六条规定的出租人有权主张转租合同无效的规定。

由此可以明确：无论是否经过出租人同意，转租合同均有效。

## 二、擅自转租情形下合同解除时间认定

转租人擅自转租的行为会给出租人、转租人和次承租人带来一定的风险。比如，擅自转租未经过出租人同意，出租人无法核实次承租人的身份、背景、租赁用途，有可能会导致房屋受到损害等；又如，转租人因不了解相关法律规定，未经出租人同意便转租房屋，最终导致向出租人以及次承租人承担两份违约责任；再如，擅自转租不受法律保护，出租人可以解除租赁合同收回租赁房屋，次承租人面临随时被要求腾退房屋的风险，难以保障自己的权益。

因此，承租人在签订相关租赁协议前需审核出租主体是否适格、房屋建筑物及场地是否合法、是否存在权利限制等，如存在擅自转租、无权处分、房屋土地不符合规划、涉及抵押或查封等情形，可能会出现代理不利后果，具体如下。

1. 在租赁房屋或场地时，应审核相关产权证书，如发现出租人不是

---

① 现已失效。

原权利人，则需要核实其是否已经获得出租人的同意，并要求其出示相关的凭证。并且在转租合同中约定，转租人承诺已经获得出租人的同意而转租，否则需要承担相应的违约责任及赔偿损失，如赔偿租金、赔偿中介费等。

2. 承租前应审核建筑房屋相关规划手续文件是否齐全。我国对房屋建筑物实行严格规划管制，《最高人民法院关于审理城镇房屋租赁合同纠纷案件具体应用法律若干问题的解释》（2020年修正）第二条规定，出租人就未取得建设工程规划许可证或者未按照建设工程规划许可证的规定建设的房屋，与承租人订立的租赁合同无效。因此，未依法办理相关规划报建手续建设的相关建筑物属于违章建筑，相关租赁协议亦不被法律保护。

3. 承租前应审核租赁物不动产权状况，是否涉抵押或查封等。《最高人民法院关于审理城镇房屋租赁合同纠纷案件具体应用法律若干问题的解释》（2020年修正）第十四条规定，租赁房屋在承租人按照租赁合同占有期限内发生所有权变动，承租人请求房屋受让人继续履行原租赁合同的，人民法院应予支持。但租赁房屋具有下列情形或者当事人另有约定的除外：（一）房屋在出租前已设立抵押权，因抵押权人实现抵押权发生所有权变动的；（二）房屋在出租前已被人民法院依法查封的。故，如果租赁发生前承租的房屋或场地已经存在抵押或查封，如因抵押权人实现抵押权发生所有权变动，则新产权人不受租赁合同约束。

另外，对出租人而言，为减少风险，建议在租赁合同中明确约定未经出租人同意不得转租，同时约定擅自转租的违约责任。比如，赔偿一定的合理违约金、支付擅自转租赚取的租金差价。同时，需要定期检查租赁房屋的使用情况，发现擅自转租的一定要在规定的期限内提出异议，根据租赁合同的约定解除合同并要求承租人承担违约责任。

而对于转租人，建议在转租时一定要确保已经获得出租人的同意，如租赁合同明确约定有权转租或者事先询问出租人的意见,确保自己有转租的权限。

**参考法条**

**《民法典》**

第七百一十六条　承租人经出租人同意,可以将租赁物转租给第三人。承租人转租的,承租人与出租人之间的租赁合同继续有效;第三人造成租赁物损失的,承租人应当赔偿损失。

承租人未经出租人同意转租的,出租人可以解除合同。

第七百一十八条　出租人知道或者应当知道承租人转租,但是在六个月内未提出异议的,视为出租人同意转租。

**《最高人民法院关于适用〈中华人民共和国民法典〉合同编通则若干问题的解释》**

第六十一条第二款　非违约方主张按照合同解除后剩余履行期限相应的价款、租金等扣除履约成本确定合同履行后可以获得的利益的,人民法院不予支持。但是,剩余履行期限少于寻找替代交易的合理期限的除外。

第六十三条第三款　在确定违约损失赔偿额时,违约方主张扣除非违约方未采取适当措施导致的扩大损失、非违约方也有过错造成的相应损失、非违约方因违约获得的额外利益或者减少的必要支出的,人民法院依法予以支持。

**案例延伸**

一、(2020)沪01民终4397号

关于争议焦点一,根据本案所查明的事实,2018年8月29日,域某公司将涉案厂房中的部分房屋转租给原审第三人伟某公司。虽然A公司于 2019 年 7 月 15 日出具情况说明书，表示知悉并同意域某公司上述转租事宜，但因上述《厂房租赁协议》并未约定域某公司具有转租的权利，且朗某公司于 2018 年 4 月已竞买成功。域某公司二审中提交的证据材料亦显示，2018 年 5 月至 2019 年 5 月，朗某公司与域某公司一直在就退场补偿事宜进行协商。虽然朗某公司于 2018 年 11 月 24 日才取得涉案厂房之不动产权证，但南通中院于 2018 年 8 月 9 日出具民事起诉状副本时，即擅自拆除了租赁标的物，属私力救济之行为，亦存在明显过错。一审判决认定朗某公司以拆除租赁标的物的行为表明其解除合同的意思，并据此确认双方之间的租赁关系于租赁标的物拆除之日解除，不具有法律依据，本院依法予以纠正。故朗某公司起诉要求确认其与域某公司之间的租赁关系于 2019 年 7 月 12 日解除的诉请，本院不予支持。域某公司上诉主张朗某公司对于 2018 年 8 月 29 日的转租事实清楚且未提出异议，故根据《最高人民法院关于审理融资租赁合同纠纷案件适用法律问题的解释》第十六条的规定，应视为朗某公司同意转租。但域某公司并未就朗某公司知晓转租的事实提供相关证据材料予以佐证，朗某公司对此亦不予认可，故本院对此不予采信。

关于争议焦点二，域某公司上诉主张其已向 A 公司支付了自 2015 年 7 月 1 日起至 2020 年 6 月 30 日止的租金 608 万元，但根据其一审中提交的相关租金付款凭证，无论是款项备注、支付时间，还是支付金额等，均与《厂房租赁协议》的约定存在较大出入；且部分付款凭证与另案生效判决认定的域某公司向案外人支付的款项存在重合。因此，一审判决认定域某公司的举证尚不足以证明其已向 A 公司支付了自 2015 年 7 月 1 日起至 2020 年 6 月 30 日止的租金，本院予以认同。故域某公司的该项上诉主张，本院不予采纳。鉴于朗某公司已于 2018 年 9 月 5 日取得涉案厂房及附属设施的所有权，故域某公司理应自 2018 年 9 月 5 日起向朗某公司支付《厂房租赁协议》约定的租金，直至朗某公司拆除厂房为止。

二审中，朗某公司明确表示其向域某公司主张的租金起算日为2018年9月5日，本院对此予以准许。

关于争议焦点三，朗某公司在租赁合同履行过程中，私自拆除了租赁标的物，其行为存在恶意。但域某公司擅自转租构成违约在先，朗某公司已就此向法院起诉要求解除租赁关系，且导致租赁关系解除的责任在于域某公司，故域某公司基于租赁合同解除所主张的损失赔偿，本院不予支持。至于朗某公司私自拆除租赁标的物对域某公司造成的其他损失，可由双方另行解决。

**二、最高人民法院发布十起《最高人民法院关于适用〈中华人民共和国民法典〉合同编通则若干问题的解释》相关典型案例（2023年12月5日）案例十：柴某与某管理公司房屋租赁合同纠纷案**

【裁判要点】

当事人一方违约后，对方没有采取适当措施致使损失扩大的，不得就扩大的损失请求赔偿。承租人已经通过多种途径向出租人作出了解除合同的意思表示，而出租人一直拒绝接收房屋，造成涉案房屋的长期空置，故其不得向承租人主张空置期内的全部租金。

【简要案情】

2018年7月21日，柴某与某管理公司签订《资产管理服务合同》，约定柴某委托某管理公司管理运营涉案房屋，用于居住；管理期限自2018年7月24日起至2021年10月16日止。合同签订后，柴某依约向某管理公司交付了房屋。某管理公司向柴某支付了服务质量保证金，以及至2020年10月16日的租金。后某管理公司与柴某协商合同解除事宜，但未能达成一致，某管理公司向柴某邮寄解约通知函及该公司单方签章的结算协议，通知柴某该公司决定于2020年11月3日解除《资产管理服务合同》。柴某对某管理公司的单方解除行为不予认可。2020年12月29日，某管理公司向柴某签约时留存并认可的手机号码发送解约完成通知及房屋密码锁的密码。2021年10月8日，法院判决终止双方之间的合同权利义务关系。柴某起诉请求某管理公司支付2020年10月17日至2021年10月16日房屋租金114577.20元及逾期利息、违约金19096.20元、未履行租期年度对应的空置期部分折算金额7956.75元等。

**【判决理由】**

生效裁判认为，当事人一方违约后，对方应当采取适当措施防止损失的扩大；没有采取适当措施致使损失扩大的，不得就扩大的损失请求赔偿。合同终止前，某管理公司应当依约向柴某支付租金。但鉴于某管理公司已经通过多种途径向柴某表达解除合同的意思表示，并向其发送房屋密码锁密码，而柴某一直拒绝接收房屋，造成涉案房屋的长期空置，因此，柴某应当对其扩大损失的行为承担相应责任。法院结合双方当事人陈述、合同实际履行情况、在案证据等因素，酌情支持柴某主张的房屋租金至某管理公司向其发送电子密码后一个月，即2021年1月30日，应付租金为33418.35元。

# 承租房屋水管爆裂谁来担责

## 案件背景

实践中，当事人为明确双方权利义务，一般都会签订书面的房屋租赁合同，对租期、租金等事项进行详细约定，当事人提交书面房屋租赁合同，即可认定双方存在房屋租赁关系。

## 案情简介

原告和被告于2023年3月8日签订房屋租赁合同，由原告承租被告位于徐汇区虹梅镇华某家园××号楼房屋一套，约定租期1年，原告按合同约定支付押金8800元。2023年5月3日13时20分，原告外出。15时左右，承租房屋卫生间马桶下方水管突然无故爆裂，自来水通过卫生间流出，直到淹没房屋客厅及卧室。16时50分，原告返回家中，此时房屋已完全被水淹没，水位高度接近10厘米。原告放置于屋内的服装、电脑、鞋等财物均被水浸泡，损失严重。

承租房屋泡水后，地板因受潮而鼓包，房门也因泡水变形难以使用。并且，承租房屋使用年限较久，地板被水浸泡后已经大量生霉且下方滋生大量细菌难以清洁，导致房屋整体湿气较大，已无法居住，被告提供的房屋水管质量不符合正常、安全使用的条件，被告应当承担全部责任。根据《民法典》的规定及合同约定，原告有理由提出解除合同，且原告已经于2023年5月8日搬离房屋并交接钥匙及物品。现被告拒绝支付物品损坏赔偿金，且拒绝退还房屋租赁押金。

### 办案复盘

房屋租赁出现的各种纠纷是司法审判中常见的案件类型。房屋漏水未能及时修缮导致承租人受损，承租人往往会以租赁物不适合使用、租赁目的未能实现为由，拒付租金。由此引发的诉讼主要有出租人要求承租人支付租金，承租人要求出租人赔偿房屋漏水导致的各项经济损失。

在签订租赁合同时，合同双方均应对合同中的重要条款予以明确，如租金计算方式、交付方式、房屋现状、违约责任等。根据法律规定，出租人对于其出租的房屋有修缮的义务，未及时修缮导致承租人损失的需要承担法律责任。对承租人而言，应当及时查验房屋有无损坏，并及时向出租人反映情况，出租人拒绝修理或者修理不当的，承租人可以自行委托专业人员进行修理，以免损失扩大，修理费由出租人承担，承租人应当注意留存相关证据。

### 律师建议

第一，合同名称要明确。合同的名称需明确为《房屋租赁合同》。实践中，一些商业主体往往签订所谓的"联营合同""经营权转让合同"，而合同的内容则仍是关于房屋转租、租金支付等事项的约定，法院仍会按照房屋租赁纠纷审理。合同名称的不明确，易引起管辖权争议。房屋租赁合同纠纷按不动产专属管辖，而联营合同、经营权转让合同等则不属于专属管辖，而是由被告住所地管辖。

第二，需有明确的租赁标的物。房屋地址以及房屋权属需明确，载明权属凭证编号以及承租人是否明确权属情况。房屋是否有产权证或建设工程规划许可证会影响合同的效力。合同一旦无效，就自始无效，承租人或出租人还需按照各自的过错对合同无效造成一方的损失承担相应的责任，承租人亦需承担在租赁期间内房屋可能被当成违章建筑拆除的风险，而出租人是否具备出租的权利则关乎合同能否继续履行。

第三，租赁期限要明确。租赁期限需明确起止时间，未规定期限或期限不明的为不定期租赁合同，承租人与出租人均可随时解除合同。这不利于双方当事人租赁关系的稳定。另外，租赁期限不宜过长，否则超出法定期限的部分无效。

第四，承租人有无转租权可明确约定。依据法律规定，承租人未经出租人同意转租的，出租人可以解除合同，并且出租人知道或者应当知道承租人转租的，应尽量在6个月内提出异议，否则视为其同意转租。审判实践中，二房东是否有权转租的问题也往往是双方的争议焦点，因而在合同中明确可避免此类纠纷。

第五，装饰装修问题需明确。首先，是否允许承租人进行装饰装修，需在合同中明确约定。其次，合同解除或合同无效时，装饰装修的损失由谁负担，承租人与出租人亦应尽量在合同中明确约定，避免产生纠纷后，扩大装饰装修部分的损失。

第六，租赁双方的权利义务需明确。一般出租人需提供适租的、符合承租人租赁目的的房屋。经济园区内厂房或其他商业用房的租赁双方还需明确由谁承担环境影响评价或消防验收的责任，避免双方在后续租赁中，因无法办理环境影响评价或消防问题而导致无法租赁以营业等。一般来说，出租人具有提供适租厂房的义务。因此，提供适租商业性用房的消防验收责任应由出租人承担，但环境影响评价一般是根据营业主体的业态自行申报，需要出租人提供适当的配合。

第七，违约责任需明确。违约责任的约定是对双方按合同履行的一种制约手段，也是一旦出现违约情形，守约方向违约方主张权利的重要依据。因此，违约责任的明晰，有利于双方争议的高效解决。需要注意的是，支付违约金是常见的违约责任的设定方式之一，但对于违约方需要支付守约方违约金数额的考量一般需结合守约方的实际损失。故，当事人在约定违约金时不宜过高，约定过高的，法院可依法酌情进行调整。

第八，双方解除权可明确约定。尽管法律规定了法定解除合同的事由，但实践中，双方对于合同是否达到法定解除事由以及解除合同的时间往往存在争议。因此，在订立合同时，租赁双方可以在合同中明确约定，如一方迟延履行支付租金达到多少天，即可解除合同。

第九，租赁房屋内的物品于订立合同时即进行固定。无论是商业用房还是一般的住宅租赁，租赁双方都应该尽可能在订立合同时即固定房屋内部结构、状态以及租赁物品的情况，以免在租赁过程中，或者租赁合同到期终止时，因房屋内租赁物品的缺失、毁损或者恢复原状产生纠纷而无法划清责任。

第十，关于承租期间动拆迁利益的分配可明确。对于租赁时即已知晓房屋可能面临征收或动迁的租赁双方，应对动迁利益的分配进行明确约定，避免日后产生纠纷。尤其是对投入大量财力进行装饰装修的商业或工业用房的承租人而言，与出租人就动迁利益进行合理的约定能够尽可能减少自身的损失。

**参考法条**

**《民法典》**

**第七百零九条** 承租人应当按照约定的方法使用租赁物。对租赁物的使用方法没有约定或者约定不明确，依据本法第五百一十条的规定仍不能确定的，应当根据租赁物的性质使用。

**第七百一十条** 承租人按照约定的方法或者根据租赁物的性质使用租赁物，致使租赁物受到损耗的，不承担赔偿责任。

**第七百一十一条** 承租人未按照约定的方法或者未根据租赁物的性质使用租赁物，致使租赁物受到损失的，出租人可以解除合同并请求赔偿损失。

**第七百一十二条** 出租人应当履行租赁物的维修义务，但是当事人另有约定的除外。

**第一千一百六十五条第一款** 行为人因过错侵害他人民事权益造成损害的，应当承担侵权责任。

**《最高人民法院关于适用〈中华人民共和国民法典〉合同编通则若干问题的解释》**

**第六十三条第三款** 在确定违约损失赔偿额时，违约方主张扣除非违约方未采取适当措施导致的扩大损失、非违约方也有过错造成的相应损失、非违约方因违约获得的额外利益或者减少的必要支出的，人民法院依法予以支持。

### 案例延伸

**(2023) 浙04民终1549号、1550号**

本院认为，雅某公司和柔某公司基于同一租赁合同互相起诉对方，一审将两起案件受理后合并审理并作出了一份判决。双方针对该判决各自提出了上诉，本院受理后分立两案。因两案上诉请求一致且不可分，故本院二审亦予合并审理并作出判决。两案争议焦点为柔某公司是否应赔偿雅某公司消防设施的修复费用、是否应支付雅某公司水费差额及一审确定的雅某公司消防设施的修复费用是否正确、雅某公司是否应向柔某公司支付押金利息等。

有关消防设施修复费用的赔偿。柔某公司上诉认为：1. 消防设施的管理义务方和维修责任人为雅某公司，租赁合同到期后柔某公司仅需搬离即可，无须恢复原状；2. 无证据显示雅某公司交付厂房时消防设施设备是完好的；3. 现有消防设施设备损坏和缺失的原因不明，无证据显示系柔某公司所导致；4. 一审采信两份鉴定报告确定消防设施设备的损失情况和维修费用有误。雅某公司上诉认为：联某公司所作评估结论无法达到修复案涉消防设施的目的,故一审采信该评估报告确定消防设施的维修费用有误。对此,根据审理查明的事实,雅某公司在与柔某公司签订厂房租赁合同时将建筑工程消防验收意见书等复印件交给了柔某公司,说明该厂房在建成时是符合消防要求的,相关消防设施应推定无质量问题。而从房屋交付时双方签订的《备忘录》来看,双方在2016年1月7日房屋交付时对消防设施是否完好并未进行过确认,只是约定交由第三方"验收与维修",费用由雅某公司承担。但应由谁去请第三方验收与维修,《备忘录》中没有明确,其后亦无证据显示双方是否曾找第三方进行过检测,故对于房屋交付时消防设施是否完好已无法查实。此后,柔某公司曾于2016年7月11日向雅某公司发送邮件提出消防系统的维修报价,此邮件显示消防设施需要维修,但相关质量问题究竟是房屋交付时即已存在,还是如雅某公司在2016年7月21日邮件中所称是柔某公司在装修时将高压电线错误接入弱电系统所导致,已无从核实。鉴于此时距房屋交付已逾期6个多月,房屋一直处于柔某公司的控制之下,且柔某公司对其在装修时接错线路这一事实亦未予以否认,故应由柔某公司就相关质量问题在房屋交付时即已存在承担举证责任。在其未提交有效证据对此予以证实的情况下,应由其承担举证不能的不利后果。而就具体损失情况,一审先后委托两家鉴定机构对消防设施的损失情况和维修造价进行了鉴定。其中有关消防设施的损失情况,由于双方未对房屋交付时的消防设施进行过确认,且如上所述,柔某公司无证据证明房屋交付时消防设施存在质量问题,故鉴定机构以消防竣工图作为比对依据是可行的。而对于消防设施的现状,鉴定机构系结合双方共同参与下由联某公司出具的《检测意见书》所作出的鉴定,对于超出检测意见范围的部分设施如室内消火栓和室外消火栓,一审时已予以剔除。故有关消防设施损失情况的鉴定意见可以作为认定事实的依据。对于柔某公司有关消防设施损失情况鉴定意见的异议,本院不予采纳。有关维修造价即损失金额,鉴定机构系按柔某公司归还房屋时相关设施设备的重置价结合成新率进行计算,此符合损害赔偿的填平原则,本院予以确认。对于柔某公司的相关异议,本院不予支持。而对于雅某公司二审提出应按其实际委托他人维修的价格确定损失,相较于鉴定意见缺乏公信力,本院亦不予支持。在雅某公司对损失情况鉴定意见予以确认的情况下,评估机构根据该鉴定意见所作损失评估依据充分,本院予以确认。对于雅某公司提出的重新鉴定申请,本院不予准许。

# 劳动争议解决之道：律师手记与策略分享

### 案件背景

遵照劳动法、劳动合同法的规定，企业在聘用劳动者时，应与其签订劳动合同。而长期以来为逃避法律责任，有的企业不与劳动者签订劳动合同，而仅仅达成口头协议；有的企业则拖延签订劳动合同的时间；还有的企业尽管签订劳动合同，但所签订的合同条款与劳动合同法相关规定相悖，进而造成社会上出现了各式各样的劳动争议纠纷。同时，随着我国市场经济发展的不断推进，大量企业重组、兼并、破产，面临着极大的经营发展压力，为控制企业成本，企业纷纷采用降低员工工资待遇、优化裁员等手段，致使劳动关系发生显著改变，劳动争议问题不断凸显，从而产生了大量的劳动争议纠纷。并且需要明确的是，企业劳动争议纠纷不单单是劳动纠纷问题，还会带来社会、经济层面上的种种问题，倘若未能进行有效妥善的处理，会致使劳动者、企业同时受影响，不管是社会影响，还是经济损失，其负面效应都不容小觑。因此，如何依法推进劳动用工关系管理，尽可能减少或避免劳动争议纠纷的发生，更好地维护劳动者、企业双方的利益，已然成为企业劳动关系管理中的一项重要工作内容。

### 案情简介

当事人在任职公司工作8年，且任部门总监L6级别，工资构成为每月工资18000元及绩效奖金3000元，年底奖金2—4薪。当事人在怀孕3个月时被老板单方面通知降薪降职，工资直降3000元，绩效奖金全额扣除。收到降薪降职通知，当事人提出异议，但公司表示这是通知，无须征得当事人的同意。后当事人因遭遇实质性降薪决定，故提起劳动仲裁以维护自身权利。

**办案复盘**

### 一、关于公司单方面通知调岗降薪

劳动者与公司签订《劳动合同》，其中的工作内容和工作地点以及劳动报酬条款是重要条款。公司通常会在《劳动合同》《员工手册》或其他规章制度中约定"变薪变岗制度"。如果公司在《劳动合同》或其他规章制度中明确规定：员工的岗位、薪资与公司经营状况、员工的业绩考核相关，那么当公司经营状况不佳或员工业绩考核不达标时，公司可以根据《劳动合同》或其他规章制度的规定，对劳动者实行相应的调岗降薪。如果公司没有明文规定，无理由对员工实行调岗降薪，员工可以书面提出异议，该书面异议应留存记录，若异议无效，则员工可以向劳动仲裁委员会申请仲裁，要求公司足额支付工资。

### 二、关于浮动工资能否追讨

绩效工资本身就被定义为浮动工资，如果公司通过绩效考核来达到增减绩效工资的目的，那肯定是可以的，但是要符合以下四个基础条件方为有效：一是绩效考核制度必须经过民主程序制定及公示。二是绩效考核制度必须告知员工，并由员工签字。三是对于工资结构中包含的绩效工资，必须双方约定一致，公司不能单方面从原有的固定工资中拆分出一部分作为绩效工资。四是针对员工岗位的具体考核内容必须合理合法，包括考核条件、考核标准、考核结果及对应的绩效工资浮动机制。

另外，在绩效考核过程中，还需达到以下三个条件，否则就有克扣工资的嫌疑：一是针对绩效考核结果，必须经过员工本人签字确认。二是如果员工不签字或提出异议，那么公司必须有相关的证据予以证明；

没有证据予以证明的，视为无效。三是绩效工资的扣减，要和绩效考核制度相对应，如考核结果为4级，对应的绩效工资是按照标准的70%发放，公司不能随意扣除。

首先，在劳动合同中是否对绩效奖金有过约定，若存在约定，则该部分薪资属于员工工资的一部分，公司随意扣除是违法的，可以请求公司支付。其次，此前正常发放的绩效奖金，是否存在发放文件或材料，如列出考核标准及数额依据，并经员工签字确认的书面文件。如有，则可以证明绩效奖金存在及其发放依据，有利于后续主张。最后，法律规定，公司不得随意扣除劳动者工资，故公司扣除奖金的行为应当属于违法行为。但若在劳动合同中并未约定绩效奖金，公司不存在明确的制度文件，此前发放也没有书面材料，则提请公司支付奖金的数额和依据在证明上会存在一定困难。

### 三、后续能否追加缴纳社保

根据我国社保制度及法律的规定，对于社保的缴费基数，用人单位是按照本单位职工的工资总额作为缴费基数，职工个人是按照本人实际工资作为缴费基数，本人工资主要是指职工上年度本人的月平均工资。

根据《社会保险法》第八十六条的规定，用人单位未按时足额缴纳社会保险费的，由社会保险费征收机构责令限期缴纳或者补足，并自欠缴之日起，按日加收万分之五的滞纳金；逾期仍不缴纳的，由有关行政部门处欠缴数额一倍以上三倍以下的罚款。因此，对于用人单位未按照员工实际工资缴纳社保的情形，可以向社保机构举报，责令用人单位补足所缺部分。

### 四、关于劳动仲裁的建议

劳动者对于劳动合同、与公司的交流记录、公司内部制度文件、公司发放绩效奖金考核表（若有）等材料应当注意留存。若劳动者向公司提出书面异议或申诉，应当留存纸质文件记录，并且记录公司回复内容。

劳动仲裁时效为一年，结合咨询事实发生的时间和目前进度，在证据材料充分且已固定的情况下，劳动者可以提出劳动仲裁申请。

**律师建议**

每个企业都有自己的劳动合同版本，而劳动合同作为企业与员工之间最基础的法律文件，建议企业管理层重视劳动合同内容的制作。我们首先研究一下我国《劳动合同法》规定的劳动合同必备条款有哪些：

1. 用人单位的名称、住所和法定代表人或者主要负责人；
2. 劳动者的姓名、住址和居民身份证或者其他有效身份证件号码；
3. 劳动合同期限；
4. 工作内容和工作地点；
5. 工作时间和休息休假；
6. 劳动报酬；
7. 社会保险；
8. 劳动保护、劳动条件和职业危害防护；
9. 法律、法规规定应当纳入劳动合同的其他事项。

除前款规定的必备条款外，用人单位与劳动者还可以在劳动合同中约定试用期、培训、保守秘密、补充保险和福利待遇等其他事项。

鉴于劳动合同作为基础文件不适合经常修改，建议对关键性条款，如工作内容、工作时间、休息休假、劳动报酬等必备条款采取概括的约定方式，具体约定依照企业其他规章制度执行。这是目前通行的约定方式，虽然关键性条款未作出具体约定，但是劳动合同仍然有效。

劳动合同内容宜简单，不宜烦琐，可以当地人力资源和社会保障部门推荐的官方版本为参考。很多企业最初的劳动合同版本都实行"拿来主义"，用其他公司的版本或者从网络上下载的版本，要么条款陈旧无法保证合法性，要么内容过于复杂，不适合约定在劳动合同里，要么堆砌大量法律条款却忽略应当约定的特殊条款。因此，建议企业在制作劳动合同内容时，尽可能规范通用条款，重视与每个员工约定的特殊条款。

### 参考法条

**《劳动合同法》**

第三十条第二款　用人单位拖欠或者未足额支付劳动报酬的，劳动者可以依法向当地人民法院申请支付令，人民法院应当依法发出支付令。

第三十五条　用人单位与劳动者协商一致，可以变更劳动合同约定的内容。变更劳动合同，应当采用书面形式。

变更后的劳动合同文本由用人单位和劳动者各执一份。

第三十八条　用人单位有下列情形之一的，劳动者可以解除劳动合同：

（一）未按照劳动合同约定提供劳动保护或者劳动条件的；

（二）未及时足额支付劳动报酬的；

（三）未依法为劳动者缴纳社会保险费的；

（四）用人单位的规章制度违反法律、法规的规定，损害劳动者权益的；

（五）因本法第二十六条第一款规定的情形致使劳动合同无效的；

（六）法律、行政法规规定劳动者可以解除劳动合同的其他情形。

用人单位以暴力、威胁或者非法限制人身自由的手段强迫劳动者劳动的，或者用人单位违章指挥、强令冒险作业危及劳动者人身安全的，劳动者可以立即解除劳动合同，不需事先告知用人单位。

第四十条　有下列情形之一的，用人单位提前三十日以书面形式通知劳动者本人或者额外支付劳动者一个月工资后，可以解除劳动合同：

（一）劳动者患病或者非因工负伤，在规定的医疗期满后不能从事原工作，也不能从事由用人单位另行安排的工作的；

（二）劳动者不能胜任工作，经过培训或者调整工作岗位，仍不能胜任工作的；

（三）劳动合同订立时所依据的客观情况发生重大变化，致使劳动合同无法履行，经用人单位与劳动者协商，未能就变更劳动合同内容达成协议的。

**第四十七条** 经济补偿按劳动者在本单位工作的年限，每满一年支付一个月工资的标准向劳动者支付。六个月以上不满一年的，按一年计算；不满六个月的，向劳动者支付半个月工资的经济补偿。

劳动者月工资高于用人单位所在直辖市、设区的市级人民政府公布的本地区上年度职工月平均工资三倍的，向其支付经济补偿的标准按职工月平均工资三倍的数额支付，向其支付经济补偿的年限最高不超过十二年。

本条所称月工资是指劳动者在劳动合同解除或者终止前十二个月的平均工资。

**第八十五条** 用人单位有下列情形之一的，由劳动行政部门责令限期支付劳动报酬、加班费或者经济补偿；劳动报酬低于当地最低工资标准的，应当支付其差额部分；逾期不支付的，责令用人单位按应付金额百分之五十以上百分之一百以下的标准向劳动者加付赔偿金：

（一）未按照劳动合同的约定或者国家规定及时足额支付劳动者劳动报酬的；

（二）低于当地最低工资标准支付劳动者工资的；

（三）安排加班不支付加班费的；

（四）解除或者终止劳动合同，未依照本法规定向劳动者支付经济补偿的。

**《最高人民法院关于审理劳动争议案件适用法律问题的解释（一）》**

**第四十三条** 用人单位与劳动者协商一致变更劳动合同，虽未采用书面形式，但已经实际履行了口头变更的劳动合同超过一个月，变更后的劳动合同内容不违反法律、行政法规且不违背公序良俗，当事人以未采用书面形式为由主张劳动合同变更无效的，人民法院不予支持。

**《民法典》**

**第一百四十条第一款**　行为人可以明示或者默示作出意思表示。

## 案例延伸

### 一、（2021）粤01民终27052号

本院认为，根据双方的诉辩意见，本案二审的争议焦点为：万某公司因变更劳动合同而克扣李女士自2020年3月至5月的工资差额应如何认定。

用人单位享有一定的用工自主权。其可以根据劳动合同的约定、规章制度的规定以及生产经营需要对劳动者的岗位进行相应的调整。本案中，万某公司于2020年2月1日将李女士从原综合管理总监岗位调整为综合管理部部长职位，实质系管理岗内部的职务级别调整，并未超出双方劳动合同约定的管理岗位，应属于用人单位的自主用工管理权的合理范畴。一审法院对此认定正确，本院予以确认。李女士于2018年8月27日生育小孩，万某公司对其作出岗位调整的时间为2020年2月1日，时间间隔较长，李女士提交的证据不足以证明万某公司的调岗行为与其怀孕之间存在必然联系，故李女士主张万某公司对其进行降职构成就业歧视，并据此主张调岗不具有合法性，依据不足，本院不予采纳。但鉴于万某公司对于李女士正常工作时间的工资水平大幅度降低，并未进行合理解释和有效举证，故一审法院结合双方劳动合同的约定中李女士的工资构成、双方提交的证据，按照劳动合同约定的正常工作时间的工资标准12104元/月，对李女士2020年3月至5月的工资予以补差，较为公平合理，且数额核算正确，本院予以确认。一审法院根据双方当事人的诉辩、提交的证据对案件事实进行了认定，并在此基础上依法作出一审

判决，合法合理，且理由阐述充分，本院予以确认。

**二、（2021）粤 03 民终 36481 号**

本院认为，二审争议焦点为上诉人单方面降薪是否合法。对此，本院分析如下：首先，虽然公司享有经营自主权，但其发生经营亏损并非降薪的法定事由。上诉人主张因其为泛某控股股份有限公司的全资子公司，2020 年至 2021 年，泛某控股股份有限公司发生严重亏损，故公司采取降薪政策属于合法合理的自救行为的理由不能成立，本院不予支持。其次，上诉人未能举证证明该次降薪经过职工代表大会或者全体职工讨论，并听取了工会和员工的意见。最后，《劳动合同法》第三十五条第一款规定，用人单位变更劳动合同应当与劳动者协商一致并采用书面形式。《最高人民法院关于审理劳动争议案件适用法律问题的解释（一）》第四十三条规定，用人单位与劳动者协商一致变更劳动合同，虽未采用书面形式，但已经实际履行了口头变更的劳动合同超过一个月，变更后的劳动合同内容不违反法律、行政法规且不违背公序良俗，当事人以未采用书面形式为由主张劳动合同变更无效的，人民法院不予支持。根据上述法律规定，用人单位变更劳动合同须以用人单位与劳动者协商一致为前提。本案中，上诉人将降薪方案告知被上诉人后，被上诉人立即提出异议。故，上诉人以降薪方案执行了两个月为由主张被上诉人无权提出被迫解除劳动合同不能成立，本院不予支持。综上，被上诉人据此提出被迫解除劳动合同并要求上诉人支付解除劳动合同经济补偿金于法有据，本院予以支持。另外，一审法院按照月工资 8400 元的标准，计得上诉人应向被上诉人支付 2021 年 5 月 1 日至 7 月 8 日的工资差额、2021 年 1 月 1 日至 7 月 8 日未休年休假工资、2021 年 5 月 1 日法定节假日加班工资差额处理正确，计算无误，本院予以维持。关于律师费，一审法院依照《深圳经济特区和谐劳动关系促进条例》第五十八条之规定，计得上诉人应向被上诉人支付律师费 5000 元处理正确，计算无误，本院予以维持。

# 实质保险人和名义保险人分离时主体资格的认定

## 案件背景

在财产保险合同纠纷案件中，挂靠运输公司的货车车主发生交通事故后起诉保险公司索赔，因其车辆行驶证、登记证上的车辆所有人均为被挂靠的运输公司，故实践中会出现因原告不适格而被法院驳回诉请的案例。在车辆实际出资购买人为货车司机，被挂靠的运输公司仅收取管理费但不实际管理和运营车辆的情况下，此类案件向保险公司主张保险赔偿的适格原告应如何认定，存在争议。

## 案情简介

2015年9月17日，原、被告签订书面保险协议，双方约定保险费为每台车2700元，因原告投保集装箱货物运输为水果蔬菜冷藏柜特种车，故原告保险标的为水果蔬菜。为明确标的物，原告多次要求被告固定标的物，被告虽应允却迟迟不予办理。2015年12月2日18时10分，原告车牌为沪B×××××的重型货车沿哈尔滨环城高速（G1001）行驶至29公里处时与魏某驾驶的车牌号为黑×××××的重型货车发生碰撞致双方车辆受损及所载货物损失的交通事故，经黑龙江省公安厅交通警察总队高速公路交警支队哈双大队出具的道路事故认定书认定，原告车负全责。事发后原告第一时间报出险，被告出现场勘验，并于2015年12月5日给原告出具补充协议，补充协议内容第一条第一项明确原告投保标的物为水果蔬菜，第二条明确补充协议与原告合同不可分割，且与原告合同具有同等的法律效力。但被告未守承诺，事发至今仍对货物、车损拒绝定损，故原告欲起诉至法院主张权利。

**办案复盘**

本案的保险标的具有特殊性,是挂靠经营的机动车辆,其所有权名义上的拥有者与实际上的拥有者不尽一致。涉及机动车辆挂靠经营的现实背景:道路运输关涉人民群众人身财产安全,涵盖群体面广量大,因此国家对道路运输实行严格的行政管理。在严格管理的背景下,客货运输行业存在着一种特殊现象。个人想从事道路运输,通常将所购机动车辆挂靠在运输企业名下,双方签订约定挂靠者自主经营、自负盈亏等内容的挂靠合同。这种广泛存在的经营方式被称为机动车辆挂靠经营,即个人(挂靠者)出资购买车辆而以客货运输企业(挂靠单位)为车主登记入户,并以其名义进行客货运输经营,由挂靠单位提供适于营运的条件,如经营线路、各种营运手续等,并收取相应的管理费或有偿服务费的经营方式。虽然机动车辆挂靠经营方式增强了运输企业的实力,同时又实现了个人从事运输经营、使资金更有效增值的目的,但也使法律关系复杂化,给纠纷的司法处理带来难度。①

**律师建议**

### 一、显名与隐名权利主体的存在

依民事公示公信原则,权利属于展现于外观的主体,但特殊情况下,同时存在权利的隐名主体,如未登记在册的财产共有人、隐名股东、隐名合伙人、隐名被代理人等。保险合同的投保人或被保险人同样有可能同时存在形式上的显名主体和实质上的隐名主体。包括本案在内的所有挂靠经营方式导致的名与实的分离:出于车辆行政管理的现状和实现运

---

① 《中国刑事审判指导案例》编写组编:《中国刑事审判指导案例(3)——破坏社会主义市场经济秩序罪》,法律出版社2017年版,第287—289页。

输目的的需要，机动车辆登记在挂靠单位名下，但实际由个人出资购买，并缴纳各项运输费用。在所有权领域，车辆在名义上归属挂靠单位，而实际所有人为挂靠个人。在保险领域，名义车主挂靠单位自然成为名义上的投保人或被保险人。而实际上，保险标的为挂靠者实际所有，各类保险费用也全部由挂靠者支付，挂靠者成为合同的实质承受主体。

### 二、挂靠者对保险标的具有保险利益

保险利益是指对保险标的具有的法律上承认的利益。财产保险的目的在于弥补被保险人所遭受的损害。因此，"损害是利益的反面"常作为判断保险利益归属的方法，即谁会因保险事故的发生而受到损害。挂靠经营双方主体与挂靠车辆之间存在明显的远近关系差异，挂靠单位通常仅负责出面办理各种运营证件、手续，代缴各项规费，向挂靠者收取管理费，并协助实际车主办理有关保险事务。除作为挂名车主外，挂靠单位与机动车辆之间无直接利害关系。因此，挂靠单位与挂靠车辆之间是一种较为松散的关系。相反，挂靠者作为车辆的实际所有者和经营者，与车辆有着切身的利害关系。作为运输工具的机动车辆是挂靠者从事运输职业的生命线，为挂靠者实际占有、控制和支配。如果说挂靠单位对保险车辆具有形式上的保险利益，那么挂靠者对车辆则存在实质上的保险利益。

### 三、挂靠者是实际的投保人和被保险人

根据保险法的规定，投保人是指对保险标的具有保险利益、与保险人签订合同并向保险人交付保险费的人。从外部显示，不可否认挂靠单位是保险合同的投保人。但由于合同标的实际归属者、合同权利义务的实际承受者均是挂靠者，因此虽然挂靠单位是与保险人签订合同的名义主体，但挂靠者却是实际隐名合同主体。挂靠者因现实需要不以自己名义投保，而与挂靠单位签订协议将车辆登记于挂靠单位名下。本案被告人实质上符合"具有保险利益""缴纳保险费""与保险人签订合同"

的要件,是实际上的投保人。被保险人是受保险合同保障,享有赔偿请求权的人。财产保险须为保险财产所有人或经营管理人。本案被告人是保险财产实际上的所有人及经营管理人,与保险财产存有保险利益,在发生保险事故时享有实质上的借助显名被保险人的名义获得赔偿的请求权。在民商事审判实践中,机动车辆挂靠者作为实际权利主体,在发生保险事故后,以自己的名义直接向保险理赔,正越来越多地获得法院的支持。①

**参考法条**

《民法典》

**第九百二十六条** 受托人以自己的名义与第三人订立合同时,第三人不知道受托人与委托人之间的代理关系的,受托人因第三人的原因对委托人不履行义务,受托人应当向委托人披露第三人,委托人因此可以行使受托人对第三人的权利。但是,第三人与受托人订立合同时如果知道该委托人就不会订立合同的除外。

受托人因委托人的原因对第三人不履行义务,受托人应当向第三人披露委托人,第三人因此可以选择受托人或者委托人作为相对人主张其权利,但是第三人不得变更选定的相对人。

委托人行使受托人对第三人的权利的,第三人可以向委托人主张其对受托人的抗辩。第三人选定委托人作为其相对人的,委托人可以向第三人主张其对受托人的抗辩以及受托人对第三人的抗辩。

《保险法》

**第十二条** 人身保险的投保人在保险合同订立时,对被保险人应当具有保险利益。

---

① 《中国刑事审判指导案例》编写组编:《中国刑事审判指导案例(3)——破坏社会主义市场经济秩序罪》,法律出版社2017年版,第287—289页。

财产保险的被保险人在保险事故发生时，对保险标的应当具有保险利益。

人身保险是以人的寿命和身体为保险标的的保险。

财产保险是以财产及其有关利益为保险标的的保险。

被保险人是指其财产或者人身受保险合同保障，享有保险金请求权的人。投保人可以为被保险人。

保险利益是指投保人或者被保险人对保险标的具有的法律上承认的利益。

**第四十八条** 保险事故发生时，被保险人对保险标的不具有保险利益的，不得向保险人请求赔偿保险金。

### 案例延伸

**一、（2016）辽0281民初5744号**

本院认为，关于原告的诉讼主体资格问题，案涉集装箱的名义投保人系第三人，其出具的原告是案涉车辆的实际车主的证明，案涉车辆发生碰撞事故时的驾驶人是原告、原告与碰撞车辆车主达成了由原告赔偿对方车辆损失的赔偿协议以及出庭作证的证人证言形成完整的证据链，能够证明案涉车辆是挂靠在第三人名下，案涉车辆的实际车主是本案原告，并且案涉车辆发生碰撞事故造成集装箱损失具有保险利益，故原告具有本案的原告主体资格。被告认为原告不具有原告主体资格，不能向其主张保险理赔的观点缺乏法律依据，本院不予采信。关于集装箱损失问题，原告的车辆发生碰撞事故造成集装箱损失，该碰撞事故属于保险事故，因该事故造成的损失应该由被告予以理赔，根据集装箱维修单位的维修明细表，案涉集装箱的维修费用为18650元，原告请求被告理赔的数额为15000元，该数额在集装箱的保险赔偿金额范围内，故对于原告的集装箱维修费用15000元的诉请本院予以支持。被告辩称该集装箱维修范围的合理性无法确认,在交通事故责任认定书中,被告盖有理赔专用章,由此可见,被告在事故发生后,已经派人到达事故现场,其对案涉集装箱的损失状况是清楚的,故对于被告认为集装箱维修范围的合理性无法确认的观点,本院不予采信。原告申请集装箱维修费用鉴定,但与鉴定相关的集装箱损失状况的证据的举证责任在于被告,被告在庭审后未能提供相关证据,故集装箱维修费用无法鉴定的不利后果应由被告承担,对于原告要求被告承担15000元的诉请,本院予以支持。

**二、(2016)湘13民终1410号**

本案中,原告虽然不是保险合同的被保险人,但其作为实际车主是保险车辆的实际所有人和使用人及支付保险费用的实际投保人,对保险标的享有保险利益,其实际上具有附加被保险人的身份,依法享有向被告在保险限额内请求赔偿的权利。原告在向受害人赔偿相关损失后,要求被告予以赔偿,符合法律规定,本院予以支持。

本院认为,本案二审期间,罗某彬与中国人某财产保险股份有限公司新某支公司对罗某彬享有在案涉保险合同中相应的权利和义务的问题没有争议,本院对此予以确认。

**三、最高人民法院发布十起《最高人民法院关于适用〈中华人民共和国民法典〉合同编通则若干问题的解释》相关典型案例案例八:某实业发展公司与某棉纺织品公司委托合同纠纷案**

【裁判要点】

据以行使抵销权的债权不足以抵销其全部债务,应当按照实现债权的有关费用、利息、主债务的顺序进行抵销。

【简要案情】

2012年6月7日,某实业发展公司与某棉纺织品公司签订《委托协议》,约定某实业发展公司委托某棉纺织品公司通过某银行向案外人某商贸公司发放贷款5000万元。该笔委托贷款后展期至2015年6月9日。

某商贸公司在贷款期间所支付的利息，均已通过某棉纺织品公司支付给某实业发展公司。2015年6月2日，某商贸公司将5000万元本金归还某棉纺织品公司，但某棉纺织品公司未将该笔款项返还某实业发展公司，故形成本案诉讼。截至2015年12月31日，某实业发展公司欠某棉纺织品公司8296517.52元。某棉纺织品公司于2017年7月20日向某实业发展公司送达《债务抵销通知书》，提出以其对某实业发展公司享有的8296517.52元债权抵销案涉5000万元本金债务。某实业发展公司以某棉纺织品公司未及时归还所欠款项为由诉至法院，要求某棉纺织品公司归还本息。在本案一审期间，某棉纺织品公司又以抗辩的形式就该笔债权向一审法院提出抵销，并提起反诉，后又主动撤回反诉。

**【判决理由】**

生效裁判认为，某棉纺织品公司据以行使抵销权的债权不足以抵销其对某实业发展公司负有的全部债务，参照《最高人民法院关于适用〈中华人民共和国合同法〉若干问题的解释（二）》第二十一条的规定，应当按照实现债权的有关费用、利息、主债务的顺序进行抵销，即某棉纺织品公司对某实业发展公司享有的8296517.52元债权，应先用于抵销其对某实业发展公司负有的5000万元债务中的利息，再用于抵销本金。某棉纺织品公司有关8296517.52元先用于抵销5000万元本金的再审申请缺乏事实和法律依据，故不予支持。

# 律师费可否由违约方承担

## 案件背景

最高人民法院认为，律师代理费、财产保全担保费用系买受人为实现司法救济权利而支出的实际费用，应当由提供瑕疵产品者承担。

## 案情简介

2019年6月10日至2020年4月29日，A公司先后与B公司签订了27份《采购合同》，共向B公司购买不同规格型号的电力电缆58种，总数量993970米，总货款6325.03万元。后合同履行过程中双方发生争议，A公司向法院起诉，请求：判令B公司支付A公司已更换部分不合格电缆所发生的费用930.70万元；将21种不合格电缆的货款折减3000万元并由B公司返还A公司；B公司赔偿A公司因21种不合格电缆电阻超标已造成的电能价款损失825.46万元；B公司承担A公司委托检验机构检测费9.60万元、律师代理费128.04万元、申请财产保全的担保费用20.23万元。B公司提起反诉，请求：A公司支付拖欠货款1321.38万元，以及其逾期付款所造成的利息损失。A公司实际支付律师代理费110万元、检验机构检测费9.60万元、申请财产保全的担保费用129.48万元。

## 办案复盘

第一，当事人在合同中约定由败诉方承担律师费的，人民法院予以支持。如果双方当事人在合同中约定了律师费的问题，那么律师费就由败诉方承担,这是律师费由对方承担的最初改变。因此,律师在制作或审查合同时,可以加上一句"当一方违约时,守约方采取维权措施时所产生的费用,包括但不限于调查费、诉讼费、律师费、交通费等有关的一切费用,由违约方承担"。这样就使当事人在出现诉讼时向对方当事人主张律师费显得理所当然。需要注意的是,双方当事人在合同中约定律师费由违约方或由败诉方承担,应不违反法律法规的强制性规定。对于守约方因维权而支付的合理律师费,法院或仲裁委员会原则上予以支持。

第二,法院支持的律师费用必须是当事人已实际支出的。败诉方承担律师费主要基于合同自治原则,但是作为损失费的律师费必须是已实际发生的。如果律师代理费的计收附条件约定,则需要根据实际回收的为现金或非现金以及金额价值的不同阶段,按不同的比例计算。因此对《委托代理合同》约定了计算方式但尚未实际发生的,可待实际发生后另行主张。

第三,合同没有约定由对方当事人承担,法院也可以判决由对方承担。2016年,最高人民法院下发了《关于进一步推进案件繁简分流优化司法资源配置的若干意见》(法发〔2016〕21号),该意见第二十二条规定:"引导当事人诚信理性诉讼。加大对虚假诉讼、恶意诉讼等非诚信诉讼行为的打击力度,充分发挥诉讼费用、律师费用调节当事人诉讼行为的杠杆作用,促使当事人选择适当方式解决纠纷。当事人存在滥用诉讼权利、拖延承担诉讼义务等明显不当行为,造成诉讼对方或第三人直接损失的,人民法院可以根据具体情况对无过错方依法提出的赔偿合理的律师费用等正当要求予以支持。"这就说明,虽然合同中没有律师费承担的约定,但若诉讼确因对方存在滥用诉讼权利、拖延承担诉讼义务等明显不当行为造成,该律师费是其当事人为维护合法权益所支出的费用,应由违约方承担。因此,判断合同对方当事人是否应当支付当事人律师费，主要考虑律师费是否系对方拒绝履行合同所致。如果当事人提起诉讼，是合同相对方拒绝继续履行合同的违约行为所致，则当事人为本案诉讼支付的律师费属于因对方违约造成的实际损失，法院可以判决对方向当事人支付相应律师费。

第四，法律强制性规定律师费由对方承担的情形包括两种：一是债权人行使撤销权案件。《民法典》第五百四十条规定：撤销权的行使范围以债权人的债权为限。债权人行使撤销权的必要费用，由债务人负担。二是担保权纠纷案件。《民法典》第六百九十一条规定：保证的范围包括主债权及其利息、违约金、损害赔偿金和实现债权的费用。当事人另有约定的，按照其约定。

**律师建议**

在两种情形下，律师费通常可以由对方负担。一是法律或相关规定明确可以或应当支持。实务中，如知识产权类案件、商事仲裁案件，以北仲、贸仲为例，其仲裁规则基本规定了律师费的负担。二是合同（不包括劳动合同）中对律师费的负担有明确约定，即明确约定律师费由违约方承担。

此外，还有一种在实务中有很大可能被支持的大框架的约定，即其中没有提到"律师费"三个字，但提到了因违约方所造成的损失或合理损失全部由违约方负担，笔者查找的案例显示，法院有可能把律师费也算作合理的损失范围。

**参考法条**

《民法典》

**第五百四十条** 撤销权的行使范围以债权人的债权为限。债权人行使撤销权的必要费用，由债务人负担。

**第五百七十七条** 当事人一方不履行合同义务或者履行合同义务不符合约定的，应当承担继续履行、采取补救措施或者赔偿损失等违约责任。

**第五百八十二条** 履行不符合约定的，应当按照当事人的约定承担违约责任。对违约责任没有约定或者约定不明确，依据本法第五百一十条的规定仍不能确定的，受损害方根据标的性质以及损失的大小，可以合理选择请求对方承担修理、重作、更换、退货、减少价款或者报酬等违约责任。

**第六百九十一条** 保证的范围包括主债权及其利息、违约金、损害赔偿金和实现债权的费用。当事人另有约定的，按照其约定。

### 《最高人民法院、司法部关于开展律师调解试点工作的意见》

15. 发挥诉讼费用杠杆作用。当事人达成和解协议申请撤诉的，人民法院免收诉讼费。诉讼中经调解当事人达成调解协议的，人民法院可以减半收取诉讼费用。一方当事人无正当理由不参与调解，或者有明显恶意导致调解不成的，人民法院可以根据具体情况对无过错方依法提出的赔偿合理的律师费用等正当要求予以支持。

### 《最高人民法院关于进一步推进案件繁简分流优化司法资源配置的若干意见》

22. 引导当事人诚信理性诉讼。加大对虚假诉讼、恶意诉讼等非诚信诉讼行为的打击力度，充分发挥诉讼费用、律师费用调节当事人诉讼行为的杠杆作用，促使当事人选择适当方式解决纠纷。当事人存在滥用诉讼权利、拖延承担诉讼义务等明显不当行为，造成诉讼对方或第三人直接损失的，人民法院可以根据具体情况对无过错方依法提出的赔偿合理的律师费用等正当要求予以支持。

**《最高人民法院关于审理消费民事公益诉讼案件适用法律若干问题的解释》**

第十八条　原告及其诉讼代理人对侵权行为进行调查、取证的合理费用、鉴定费用、合理的律师代理费用，人民法院可根据实际情况予以相应支持。

**《最高人民法院关于审理环境民事公益诉讼案件适用法律若干问题的解释》**

第二十条　原告请求修复生态环境的，人民法院可以依法判决被告将生态环境修复到损害发生之前的状态和功能。无法完全修复的，可以准许采用替代性修复方式。

人民法院可以在判决被告修复生态环境的同时，确定被告不履行修复义务时应承担的生态环境修复费用；也可以直接判决被告承担生态环境修复费用。

生态环境修复费用包括制定、实施修复方案的费用，修复期间的监测、监管费用，以及修复完成后的验收费用、修复效果后评估费用等。

**《最高人民法院关于审理利用信息网络侵害人身权益民事纠纷案件适用法律若干问题的规定》**

第十二条　被侵权人为制止侵权行为所支付的合理开支，可以认定为民法典第一千一百八十二条规定的财产损失。合理开支包括被侵权人或者委托代理人对侵权行为进行调查、取证的合理费用。人民法院根据当事人的请求和具体案情，可以将符合国家有关部门规定的律师费用计算在赔偿范围内。

被侵权人因人身权益受侵害造成的财产损失以及侵权人因此获得的利益难以确定的，人民法院可以根据具体案情在50万元以下的范围内确定赔偿数额。

**《最高人民法院关于全面加强知识产权审判工作为建设创新型国家提供司法保障的意见》**

13. 依法加大侵权赔偿和民事制裁力度。严格知识产权侵权损害赔偿适用规则，贯彻全面赔偿原则，努力降低维权成本，加大民事制裁的威慑力度。依法适当减轻权利人的赔偿举证责任；有证据证明侵权人在不同时间多次实施侵权行为的，推定其存在持续侵权行为，相应确认其赔偿范围；作为自然人的原告因侵权行为受到精神损害的，可以根据其请求依法确定合理的精神损害抚慰金；当事人为诉讼支付的符合规定的律师费，应当根据当事人的请求，综合考虑其必要性、全部诉讼请求的支持程度、请求赔偿额和实际判赔额的比例等因素合理确定，并计入赔偿范围；考虑当事人的主观过错确定相应的赔偿责任；依法运用民事制裁惩处侵权人。

**《最高人民法院关于审理著作权民事纠纷案件适用法律若干问题的解释》**

第二十六条　著作权法第四十九条第一款规定的制止侵权行为所支付的合理开支，包括权利人或者委托代理人对侵权行为进行调查、取证的合理费用。

人民法院根据当事人的诉讼请求和具体案情，可以将符合国家有关部门规定的律师费用计算在赔偿范围内。

**《最高人民法院关于审理商标民事纠纷案件适用法律若干问题的解释》**

第十七条　商标法第六十三条第一款规定的制止侵权行为所支付的合理开支，包括权利人或者委托代理人对侵权行为进行调查、取证的合理费用。

人民法院根据当事人的诉讼请求和案件具体情况，可以将符合国家有关部门规定的律师费用计算在赔偿范围内。

**案例延伸**

**一、（2015）最高法民二终字第 167 号**

裁判规则：合同无效的，守约方无权请求违约方承担其支出的律师费。

临某公司主张律师费用的依据为《合作勘查开发协议》第 7.2 条的约定，现该协议已被认定无效，律师费用应由临某公司自行承担。

**二、（2014）最高法民申字第 710 号**

裁判规则：合同未约定律师费由违约方承担的，守约方仍有权请求违约方承担其支出的律师费。

关于一、二审判决确定的违约金数额是否恰当的问题。原一、二审判决计算本案违约损失的方法是，以江西水某工程局拖欠 1000 元租金为基准，根据其与太原安某公司的合同约定，该款可购买 167 套扣件。167 套扣件每天产生的租金为 3 元，因此，江西水某工程局逾期付款 1000 元可以造成太原安某公司直接损失为 3 元（直接损失可达日 3‰）。上述计算方法依据充分。除此之外，原一、二审判决认定，江西水某工程局的迟延付款还将给太原安某公司资金调度、宏观计划造成较大间接损失，损失包括太原安某公司为主张权利支出的律师费等。该认定符合太原安某公司生产经营的实际情况，亦无不当。

**三、（2014）最高法民一终字第 38 号**

裁判规则：合同明确约定守约方支付的律师费由违约方承担的，守约方有权依约请求违约方承担其支出的律师费。

贝某峰关于其不应当支付李某江、朱某敏为实现债权所需的律师代理费的上诉请求不能成立。理由是：李某江、朱某敏是根据《担保借款合同》中有关东某公司承担保证责任的范围"包括但不限于主债务、利（罚）息、违约金、诉讼费、差旅费、律师费等实现债权的一切费用"

的约定，向贝某峰、东某公司主张律师费的。虽然在一审中，李某江、朱某敏只提供了与华某律师事务所签订的委托代理合同及该律师事务所开出的收据，但一审判决作出后，该律师事务所根据此次判决确定的律师代理费数额开出了发票。该律师事务所指派律师出庭代理诉讼的行为客观存在，华某律师事务所开出的发票证明李某江、朱某敏为实现债权确实支付了律师代理费。而且，一审法院判决贝某峰给付李某江、朱某敏律师代理费数额时，已经参考北京律师的《收费指导标准》对李某江、朱某敏与华某律师事务所签订的委托代理合同中约定的代理费用作了有利于贝某峰的调整。鉴于贝某峰的违约行为是案涉律师代理费产生的根本原因，故对于贝某峰有关其不应向李某江、朱某敏支付律师代理费的上诉请求，本院不予支持。

# 第四章 网络合同纠纷

# 委托专业公司制作短视频，没有任何效果还被起诉违约

### 案件背景

近年来，受益于移动终端的普及和网络提速，短视频作为一种互联网内容传播的新形式，因其短平快的大流量传播特性逐渐获得了平台、用户和资本的青睐，网红经济随之崛起。短视频业逐渐涌现出一批 KOL[①]（Key Opinion Leader）与 MCN[②]（Multi-Channel Network）。这些网红和机构在收获了大量粉丝的同时，通过电商带货、广告营销等方式获取了巨大的商业利益。不少传统企业也纷纷布局短视频，希望抓住流量红利，开拓新的商业版图。

时至今日，短视频行业已进入成熟期，普通人靠一部手机拍拍段子就火遍全网的时代已经过去，许多爆款短视频背后其实都有专业运营机构在"操盘"。对传统企业而言，入局短视频还需考虑多种因素，如自身的品牌内涵与视频内容是否融洽、视频受众与潜在客户画像是否契合等。

更棘手的是，短视频相较传统视频有其自身特点，许多传统企业不具备短视频摄制和账号运营能力，费时费力地自制视频往往收效甚微。于是，与专业视频制作机构合作便成为一些企业的选择，新事物的诞生也会伴随着新的法律问题，传统企业因对短视频摄制和宣传推广业务不熟悉，很容易在合同磋商、签订、履行等多个环节踩"坑"。笔者代理

---

① 原意为关键意见领袖，现可理解为网红大号。
② 多频道网络，现可理解为管理、培养和包装网红的公司。

的这一案件就较为典型，案件的解决过程可供企业和从业者参考。

### 案情简介

蓝某公司是一家经营多年的咨询管理公司，有较成熟的线下商业模式，随着短视频的热度只增不减，蓝某公司也迫切希望获取线上流量进行品牌宣传，吸引客户。但蓝某公司没有相关经验，自行尝试后收效甚微，于是便找到了专门提供短视频摄制服务的爱某公司，希望由专业公司为自己布局短视频打好基础。

在阅看了爱某公司提供的视频案例后，蓝某公司觉得对方制作的视频效果大气磅礴，很符合自己的企业形象。几次磋商后，蓝某公司与爱某公司签订了《短视频拍摄制作服务合同》，约定由爱某公司为蓝某公司提供短视频拍摄及后期制作共60条，蓝某公司先行支付20万元，在完成10部视频拍摄后，再按后续的视频数量支付对应款项。该合同还约定在拍摄过程中，蓝某公司可以对视频提出修改建议。

蓝某公司在上传爱某公司制作的10余部视频后发现，这些视频虽然视觉效果很好，但在短视频平台上取得的数据与其预期差距非常大。于是蓝某公司在该项目的微信群内提出：视频的播放数据没有达到预期，视频形式需要调整，爱某公司表示配合调整。但之后上传的3部视频的播放数据距离蓝某公司预期的差距仍然较大，于是蓝某公司便电话告知爱某公司这3部视频未达到验收标准，并提出终止合同。但爱某公司不同意终止，认为自己依约履行合同并无过错，便仍继续制作了5部视频。后蓝某公司拒绝支付后续8部视频的费用，于是爱某公司诉至法院，要求蓝某公司支付8部视频的制作费用16万元以及合同约定的违约金20万元。

### 办案复盘

蓝某公司找到笔者咨询如何应诉。在初步了解案情后，笔者认为，本案的主要争议点是视频播放数据能否作为验收标准。

一般情况下，委托专业视频制作公司制作短视频时会有获取一定播放量和评论量的预期，毕竟对一般企业而言，除非其业务包含视频制作，否则若曝光过低，不能达到品牌宣传、吸引客户的目的，那么短视频本身几乎没有收益。但对视频制作公司而言，他们虽具有专业的视频制作能力，却没有宣传推广和账户运营的能力，更遑论短视频平台都有其特定的流量获取渠道和模式，与视频制作完全是两类业务。本案中，蓝某公司简单地认为上传高端大气的视频就能获得高播放量，但最终未能达到预期效果，两者之间的主要矛盾就在于此。

虽然短视频的播放量有极大的不确定性，但以此作为验收标准也未尝不可，毕竟民事合同以意思自治为普遍原则，但就本案而言，双方签订的合同中并未将播放量列为验收标准，这就导致蓝某公司后期再进行主张很难得到支持。

不过笔者还是尽力为蓝某公司提供法律服务。首先，笔者认为，爱某公司在合同履行中存在瑕疵，8部视频中后续5部的脚本和制作成品并没有得到蓝某公司的确认。其次，双方合同约定的违约金过高，我国司法体系中的违约金赔偿原则是以赔偿守约方的实际损失为主、以惩罚性为辅，爱某公司主张的20万元违约金远高于其损失。

**律师建议**

### 一、企业应建立合规运营体系

在办案过程中，笔者了解到，虽然蓝某公司近年来发展迅速，但其内部没有建立起合规运营体系，工作人员对合同磋商、签订、履行过程中应当熟悉的法律问题几乎一无所知。首先，本案中双方签订的《短视频拍摄制作服务合同》由爱某公司提供，蓝某公司在合同磋商时几乎没有提出修改意见，许多关键条款都对蓝某公司非常不利。其次，合同履行中,蓝某公司经常通过电话与对方沟通,既没有录音,也没有留存书面记录,导致发生争议后取证难度非常大。

笔者结合擅长专业方向向蓝某公司提出应当尽早建立法律合规体系的建议。蓝某公司董事长对此非常重视,本案虽然涉及的金额不大,但是暴露出蓝某公司内部存在着法律风险防控体系严重缺位的问题,现在"亡羊补牢"还为时未晚。

案件办理结束后,蓝某公司与笔者签订了常年法律顾问合同,并邀请笔者为其建立法律合规体系并为员工进行合同全流程法律科普讲座。

**二、企业签订短视频制作类合同的注意点**

第一,如果企业对短视频投放有播放量和播放效果的预期,那么可以选择提供创意策划和宣传推广服务的制作公司。在签订合同时针对视频制作和播放效果分别约定验收标准,并分别计费,或者根据播放效果设置不同的付费金额。但也要注意各平台都存在刷播放、评论量的现象,需要对合作方的过往案例进行考察,以便甄别播放效果的真实性。

第二,基于视频播放效果的不确定性和视频质量的不稳定性,应尽量避免一次签订较多数量的视频合同,或者在付款方式和合同终止权利的约定上掌握主动权,在合同目的难达成时应当及时以书面或电子数据方式通知对方终止合同,减少损失。本案中,蓝某公司一次性签订了60条视频制作合同,也没有约定合同解除的事由,导致合同履行产生争议时陷入极其被动的局面。

第三,知识产权条款。短视频制作经常涉及对已有素材进行剪辑、加工、制作,这类二次加工通常没有获得原作品作者的授权,同时也很难满足著作权法对于合理使用的要求,因此这类短视频存在侵权的可能。企业方应当设置相关条款,要求制作方承担避免侵权的义务,并在出现侵权纠纷时由制作方承担过错责任。

第四,企业应当严格按照视频制作流程操作。一部视频的诞生,需要双方多次沟通和协作。在合同中约定完备的合作流程并严格执行，可以减少出现争议的可能。即使有争议，双方义务的履行情况也很清晰，这样就能避免因守约方没有保留完整充分的证据而使其合法权益难以得到保障。

### 三、其他类型网络合同

除了短视频制作合同，流量时代类似的合同还有：KOL广告合同、直播带货合同，这些合同也存在类似的问题，如网络上经常报道有商家控诉交了高额直播卖货坑位费，最终销售额只有几百元的案件。

笔者认为，企业在尝试新商业模式时，应在对行业有一定了解的情况下厘清自身真实需求：是宣传品牌还是销售产品？是否符合自身品牌的调性？在合同拟定时应注意：条款的设计如何保障自身利益？如合同履行中发现视频效果未达到预期如何及时减少损失？在合同磋商之初就需要对此进行详尽的调查和考量。如此，在合同签订和履行过程中才能及时应对，以达到合同目的，减少纠纷、避免损失。

另外，以上内容对提供服务一方也同样适用。在签订合同时，应明晰甲方的实际意图，考量自身业务能力与对方需求是否真实匹配，秉承诚实信用原则，以提升品牌声誉，减少合同纠纷。

### 参考法条

**《民法典》**

第五百七十七条　当事人一方不履行合同义务或者履行合同义务不符合约定的，应当承担继续履行、采取补救措施或者赔偿损失等违约责任。

第五百七十九条　当事人一方未支付价款、报酬、租金、利息，或者不履行其他金钱债务的，对方可以请求其支付。

第五百八十五条　当事人可以约定一方违约时应当根据违约情况向

对方支付一定数额的违约金，也可以约定因违约产生的损失赔偿额的计算方法。

约定的违约金低于造成的损失的，人民法院或者仲裁机构可以根据当事人的请求予以增加；约定的违约金过分高于造成的损失的，人民法院或者仲裁机构可以根据当事人的请求予以适当减少。

当事人就迟延履行约定违约金的，违约方支付违约金后，还应当履行债务。

**《最高人民法院关于适用〈中华人民共和国民法典〉合同编通则若干问题的解释》**

第六十五条　当事人主张约定的违约金过分高于违约造成的损失，请求予以适当减少的，人民法院应当以民法典第五百八十四条规定的损失为基础，兼顾合同主体、交易类型、合同的履行情况、当事人的过错程度、履约背景等因素，遵循公平原则和诚信原则进行衡量，并作出裁判。

约定的违约金超过造成损失的百分之三十的，人民法院一般可以认定为过分高于造成的损失。

恶意违约的当事人一方请求减少违约金的，人民法院一般不予支持。

## 案例延伸

**（2022）粤01民终12494号**

本案的争议焦点在于，易某公司是否存在欧某公司主张的违约行为（逾期完成服务及服务不符合要求）？对此，一审法院认为：首先，关于逾期完成服务问题。虽然易某公司提交部分成果的时间晚于合同约定的时间，但并无证据证明欧某公司当时对此提出异议。此后，双方一直在协商、沟通修改意见。2019年10月16日，欧某公司通知易某公司暂停履行合同。2019年10月23日，易某公司还催促欧某公司确认履行时间。

此后，欧某公司并无证据证明易某公司存在其他可能导致合同解除的违约行为。因此，即使易某公司当时存在轻微的逾期履行行为，也不至于解除合同。其次，关于服务不符合要求的问题。合同并未约定服务成果的具体客观要求。因此，欧某公司对于服务成果的要求不能超越双方的合理预期。只要易某公司善意、勤勉履行，交付的服务成果不低于市场同类服务的水平，即使欧某公司不甚满意，也不能视为易某公司交付的服务成果不符合合同要求。综上所述，欧某公司此前通知易某公司解除合同的理由不成立，一审法院对合同解除不予确认。对于欧某公司基于合同解除提出的全部诉讼请求，不予支持。

# 网络直播经济合同纠纷办案要点

### 案件背景

2022年2月25日,中国互联网络信息中心(CNNIC)发布的第49次《中国互联网络发展状况统计报告》显示,2016年我国迎来"网络直播元年",截至2021年12月,全国网络直播用户数量已达7.03亿,使用率达68.2%,其中电商直播用户规模为4.64亿,游戏直播的用户规模为3.02亿,还有体育、真人秀、演唱会等多种直播类型百花齐放。

从网络直播行业诞生伊始,主播就是直播平台竞争用户流量的核心资源,个别头部主播的流动甚至能够影响一个平台的兴衰,故对于头部优质主播的竞争更是各平台的"兵家必争之地",通过高额直播酬劳吸引主播跳槽的"抢人大战"屡见不鲜,由此也引发了大量的合同违约法律纠纷。

笔者将通过司法数据分析,结合自身办理的案件,对相关合同的争议焦点和办案心得进行梳理。

### 案情简介

主播小美于2018年4月与天某公司签订《主播独家合作协议》。约定天某公司将小美推荐至某平台担任游戏主播,协议期限至2023年4月止。在案涉协议约定的履行期限内,未经天某公司书面同意,小美不得在其他平台进行游戏直播。并且协议期满或解除后,小美六个月内不得在同类型的直播平台和公司担任游戏主播。

然而,2020年3月,小美在未与天某公司协商一致解除合同的情况下,在另一直播平台直播,并单方告知天某公司解除合同。天某公司遂向小美发函,表示不同意解约并要求小美继续履行协议。然而,小美并未理会,继续在新平台直播,天某公司遂向法院起诉,要求解除合同,并依据合同约定请求判令小美赔偿违约金500万元、自合同解除之日起六个月内不得在新平台直播等。

**办案复盘**

小美被起诉后向笔者咨询应诉事宜,笔者在仔细研究了天某公司的起诉材料后发现,天某公司共提交了30多组证据来支持其诉请,准备得非常周全,并且小美违约的事实比较清楚,情况对小美比较不利。就天某公司的诉请来看,笔者认为,本案在直播经济合同纠纷中比较典型,主要涉及高额违约金和竞业禁止的争议。一般而言,平台在与主播签订协议时,会利用自身的强势地位在合同中做相关约束,以达到防止主播跳槽的目的:违约金关乎赔偿金额的多少,竞业禁止关乎主播能否继续从业。本案中,小美与天某公司签订的合同约定的违约金条款为,"违约金按照以下两种计算方式中较高者计算:(1)被告年合作费用的三倍;(2)违约金500万元。"天某公司提供的大量证据亦欲证明小美人气和收入很高,其跳槽行为给天某公司造成了重大损失。

据笔者了解,小美之所以贸然跳槽,一方面是因为其法律意识比较淡薄,觉得去哪里直播是自己的自由;另一方面是因为这两年直播发展较好,新平台向其允诺了更高额的工资,小美才铤而走险。直到被起诉索赔高达500万元的违约金后小美才意识到事情的严重性。

笔者在详细了解了小美在原平台的直播收益等情况后,告诉小美不用太紧张,会帮她争取减免部分违约金,并且竞业禁止条款的有效性也有待商榷。在接受小美的委托后,笔者首先详细统计了小美在原平台直播期间的收益,并据此计算了其违约期间给天某公司造成的损失达100

余万元，根据该金额辩称天某公司主张的违约金过高，应予调整。

至于合同约定小美解约后六个月内不得在新平台直播，笔者认为，这类竞业禁止条款应属无效，因为竞业禁止一般限于劳动合同关系中，并且《劳动合同法》第二十四条规定，竞业限制人员包括高级管理人员、高级技术人员和其他负有保密义务的人员，而小美作为主播明显不在此范围内，因此竞业禁止条款无效。另外，考虑到本案涉及较为新型的直播行业，故笔者还进行了全面的检索，并向法官提交了类案检索报告以支持自己的观点。

直播行业兴起不久，这类纠纷还较为少见，主审法官对本案也较为慎重，经历了三次开庭后，法院才最终作出判决。对于违约金500万元的诉求，法院采信了笔者的计算方式，先以小美在两年正常履约期间的直播收益为基础，综合计算其违约给天某公司带来的三年收益的损失，再结合小美跳槽对天某公司造成与直播平台议价能力的降低、业界影响和地位的降低等因素，最终确认小美赔偿天某公司违约金180万元。

至于天某公司请求判令小美在合同解除后六个月内不得在类似平台直播这一项，法院认为，天某公司的该项诉讼请求实质是对被告提出了行为禁止性的诉求，但双方签订的案涉协议为独家经纪协议，并非劳动合同，天某公司无权对被告在合同解除后的行为作出禁止性约定或要求，故对该请求不予支持。

### 律师建议

近年来，直播行业的蓬勃发展引发了大量的经纪合同纠纷。笔者在北大法宝司法案例库中使用"主播+直播平台+违约"的关键词进行搜索，搜索结果显示民事案件共有2304件，从审结年份2015—2016年的10件到2020—2021年的1515件，此数据直观反映出近年来主播与平台间合同违约类法律纠纷呈现增幅巨大的势头。其中，本案涉及的高额违约金和竞业禁止条款是此类纠纷中的主要争议点。

作为强势方的直播平台，一般会将违约金设置得远高于可能的实际损失。常见违约金的约定方式有两种：一是同时约定违约计算方式和违约金数额，采两者中较高者。违约金计算方式如：主播直播酬劳的二倍或主播获得收益的四倍。二是同时约定实际损失和违约金数额，采两者中较高者。实际损失约定方式如：平台因主播违约而产生的全部损失或返还平台前期对主播扶持的投入。较为典型的案件如（2018）粤01民终13951号案，虎某平台在与江某签订的协议中约定，如主播违反合同约定的排他性条款（指跳槽至其他与虎某平台具有竞争关系的直播平台）或擅自终止本协议的构成重大违约，公司有权要求主播赔偿违约金：（1）2400万元人民币；（2）主播在虎某平台已获得全部收益的5倍，以两者中的较高者为准。而虎某平台主张的4900万元违约金全部得到了法院的支持。其原因在于江某作为某游戏的头部主播，年收入超过1000万元，且虎某平台投入了大量的资金培养他，其违约行为确实给平台造成了巨额损失。

### 一、竞业禁止条款效力问题

关于竞业禁止条款的效力，实务判例中存在截然相反的观点。

一种观点认为，竞业禁止条款有效。裁判依据集中在两点：一是该条款符合意思自治原则，且不违反法律、行政法规的强制性规定；二是直播行业具有特殊性，主播跳槽带走观众会与原直播平台产生直接竞争关系。例如，在（2020）鲁11民终2577号案中，法院认为：（1）涉案合同是双方遵循平等、自愿、公平的原则订立的直播合作合同，陈某应明确知道并理解该竞业条款对其自身所可能产生的影响。（2）网络直播是近几年兴起的一种新兴特殊性行业，网络主播签约经纪公司后，除主播自身的努力外，经纪公司还会对网络主播进行培训、包装、提供资源、吸引流量、直播宣传，从而吸引更多观众来到该主播的直播间，提升主播自身知名度及粉丝人数，以期为公司带来更可观的收益，而观众关注某个主播并非为了关注其背后的经纪公司，而是关注主播个人，因此主播在与经纪公司的合作合同履行完毕后继续进行与经纪公司旗下主播相同类型的直播，观众因认可该主播而继续在该主播直播间赠送礼物或从所属店铺购买商品，而原经纪公司不再有任何收益，其通过一定的投入培养起来的观众群体跟随主播流失。该主播的直播也与原经纪公司形成了竞争关系，势必会给原经纪公司带来一定损失，在直播合作合同中约定竞业限制条款也成为直播行业的一种共识。

另一种观点认为，竞业禁止条款无效。持该观点的裁判依据主要有三种：一是竞业禁止一般限于劳动合同关系，而在主播经纪合同中该禁止性约定无效。二是《劳动合同法》第二十四条规定，竞业限制人员包括高级管理人员、高级技术人员和其他负有保密义务的人员，而主播明显不在此范围内，因此竞业禁止条款无效。三是直播经纪合同中的竞业限制条款属于限制对方主要权利的格式条款，应属无效。比如，在（2019）浙01民终6611号案中，法官拒绝了直播平台依据合同约定对陈某提出的竞业禁止诉讼请求，因为双方签订的合同并非劳动合同而是独家经纪合同，该竞业禁止条款无效。又如，在（2020）辽09民终321号案中，法院认为：依照劳动合同法等的规定，竞业限制人员仅限于公司高级管理人员、高级技术人员及其他负有保密义务的人员，本案中谭先生作为主播显然不属于竞业限制人员的范围，双方在合同中的约定不符合法律规定。

笔者认为，首先，虽然意思自治是平等主体间缔约的绝对性原则，但考虑到主播经纪合同的缔约双方大多是强弱不平等的商事主体，故还应当考虑该类竞业禁止条款是否有违实质公平。其次，尽管竞业限制可以在一定程度上保护商业秘密，但很多情况下，竞业限制也会降低主播流动、抑制直播内容的创新、增加市场壁垒，从而抑制行业自由竞争，阻碍行业发展。竞争是市场经济的本质属性，主播在平台间充分流动带来的是其主观能动性的充分发挥和更优质内容的生产动力，最终可以更好地服务消费者并促进行业发展。最后，在相关法律仅于劳动法、公司法等领域对竞业禁止作出规定的情况下，不宜随意扩张其适用范围，因主播违约给平台带来的损失通过违约金条款进行赔偿即可，强制绑定不符合直播行业的发展规律，会降低行业整体经济效率。

## 二、直播平台与主播之间关系的定性

关于直播平台或 MCN 机构与网络主播之间的业务关系定性，在实务中可谓五花八门。除经纪合同纠纷外，还有劳务协议、劳动合同、委托协议、直播独家合作协议、直播收益分成协议等，有时还存在仅通过微信等即时通信软件对双方权利义务进行确认的情况。不同的法律关系对双方权利义务关系的规范相去甚远，无论是平台机构还是主播均需了解自身需求，选择最契合的法律关系，以促进合作、减少争议。

比如，最常见的劳动关系，主播虽需接受平台机构较严格的管理和约束，完成约定的工作任务，但能够获取有保证的工资收入。并且，劳动关系人身隶属性强，对于业务模式较为稳定的机构聘用影响力不大的主播较为合适。但在劳动关系下，平台用工成本较高，并且主播承担违约金责任的可能性很小。在解除劳动关系时，除主播严重违纪或主播主动辞职且平台无劳动违法行为情形外，平台均应向劳动者支付经济补偿金或赔偿金。

如果平台机构选择劳务关系，则对主播没有强人身的管理属性，双方地位平等，受民事法律规范调整保护。这种关系灵活性强，可以减少企业用工或合作成本，适用于不具有连续性或管理要求的主播岗位，如平台不支付工资，不约束直播时间，则主播获取的报酬为粉丝打赏，公司与主播间约定分成比例等。需要注意的是，在劳务关系中平台无法以竞业限制规则限制主播，但可与主播进行有关保密义务的约定。

实务中还有一种委托关系，即一般平台会和主播签订明确的委托协议，约定委托事项、报酬等以委托表述的合同内容。委托关系一般不具有人身属性，因委托人、受托人随时可以单方解除委托，较其他法律关系合同双方灵活性更强的同时，稳定性也更差，合同中违约责任承担及数额不够具体明确，主张赔偿一方举证责任非常重，可控性差。

因此，无论是经纪关系还是劳动、劳务、委托关系，均有其优势和劣势，在具体业务中如何选择，取决于双方的实际需求与法律关系的最优匹配度。但应当明确，平台和主播在合作之初就将对应的法律风险与匹配模式进行分析并熟知，是减少合作损失的最佳途径。

### 参考法条

**《民法典》**

**第一百二十七条** 法律对数据、网络虚拟财产的保护有规定的，依照其规定。

### 案例延伸

**(2018) 京 03 民终 10711 号**

本院认为，根据双方签订的《主播签约协议》，飞某公司与张某凡具有符合法律法规规定的劳动关系主体资格，飞某公司依法制定的主播管理规定等劳动规章制度适用于张某凡。张某凡日常直播天数、时长、演绎平台、参与公司宣传活动等工作内容由飞某公司安排，并需要遵守飞某公司的考勤、请假管理及不得在其他平台或网站开播等规章制度，飞某公司按月发放劳动报酬，故双方存在管理与被管理的人身隶属关系，《主播签约协议》符合劳动合同性质特点，一审法院认定双方之间属于劳动关系性质正确，本院予以确认。

# 在闲鱼平台上认识卖家后通过微信购物能主张消费者权利吗

## 案件背景

近年来,随着经济的不断发展,社会消费水平越来越高,社会公众手中的闲置物品越来越多。随着绿色低碳消费和循环经济的理念越来越深入人心,社会公众对二手物品消费认可度进一步提高。2019年,国务院办公厅印发《关于加快发展流通促进商业消费的意见》,鼓励以"互联网+旧货""互联网+资源循环"的方式促进循环消费。在现实需求、消费观念、国家政策支持等多重因素叠加下,二手物品交易逐渐发展起来。

## 案情简介

当事人于2021年5月通过闲鱼平台认识了卖家,卖家为二手中古家具销售者。当事人经营的公司日常主要销售二手奢侈品包具,为装饰店铺、将店铺打造为网红打卡地,当事人欲从卖家处购买一批进口二手奢侈品家具。

当事人和卖家通过闲鱼平台认识后,相互加了微信,之后二人一直通过微信联系。当事人陆续从卖家处购买了30余款二手中古家具,总货款达人民币80万元以上。经过漫长的海外物流,当事人收到二手家具时,发现家具中存在大量质量不符合约定的残次品,甚至存在明显的假冒商品。卖家拒绝为当事人提供合理的解决方案,于是当事人找到笔者的律师团队,意图以《消费者权益保护法》第五十五条规定的"退一赔三"来维护权益、弥补损失。

**办案复盘**

**一、原、被告之间成立买卖合同关系**

被告通过闲鱼平台上的店铺销售二手中古家具，原、被告通过闲鱼平台认识，后一直通过微信磋商，约定原告向被告购买大量二手进口家具，且原告已经支付货款，被告也交付了部分商品，原、被告之间成立买卖合同关系。

**二、原、被告之间买卖合同受《消费者权益保护法》规制**

1. 被告属于经营者

被告通过闲鱼平台注册的店铺销售二手中古家具，其店铺带有"鱼小铺"标记，表明被告是专业闲鱼卖家，这是被告区别于普通个人二手卖家的标志。并且，被告在闲鱼平台账户中，在售商品共计200余件，销售记录和评价记录约100条；原、被告聊天记录中，被告也曾多次表示自己是专业二手中古家具销售者。对于被告作为二手物品网络卖家的性质，应当根据买卖双方的聊天记录、卖家的销售信息、商品交易数量、评价数量、销售动态等信息综合判定，从上述信息来看，应当肯定卖家符合一般经营者的"以营利为目的"的本质特征，应当适用《消费者权益保护法》对其经营行为予以规范。

2. 原告属于消费者

原告和被告之间成立买卖合同关系，原告通过转账的形式支付货款，向被告购买了一批中古家具，原告并非家具经销商，购买中古家具是为了装饰及摆设。结合家具这一商品的性质，以及原告使用这一商品的目的，应当肯定原告的行为属于《消费者权益保护法》规定的"为生活消费需要购买、使用商品或者接受服务"，因此原告是法律规定的消费者。

综上，原、被告之间的买卖合同法律关系属于《消费者权益保护法》的调整范围，原告作为消费者的合法权益应当受到《消费者权益保护法》的保护。

### 三、被告实施了欺诈行为，应当承担惩罚性赔偿责任

首先，原、被告通过微信对交易内容进行过详细的磋商，被告曾多次表示，其作为专业二手中古家具经销商，能够保证货品的来源及品质。但被告交付的家居产品中，明确存在假冒伪造商品，并非被告所保证的正品，被告存在欺诈行为。其次，《消费者权益保护法》第二十条第一款规定，经营者向消费者提供有关商品或者服务的质量、性能、用途、有效期限等信息，应当真实、全面，不得作虚假或者引人误解的宣传。原、被告就商品磋商时，被告明确表示其出售的家具是质量完好且不影响使用的。但原告收到的货品，大量家具存在与被告描述不符的情况，沙发皮质破损严重，多数家具缺少配件，另有家具与正品之间存在明显差异，被告对于其销售的所有家具均无法提供合法购买凭证及报关清单。并且，原告就破损的家具联系维修人员后，维修人员表示无法修复。应当肯定，被告作为经营者没有履行《消费者权益保护法》第二十条规定的义务，其存在欺诈行为。

依据《消费者权益保护法》第五十五条第一款的规定，经营者提供商品或者服务有欺诈行为的，应当按照消费者的要求增加赔偿其受到的损失，增加赔偿的金额为消费者购买商品的价款或者接受服务的费用的三倍。因此，被告应当承担买卖合同价款三倍的赔偿责任。

### 四、被告的行为属于根本违约，应当承担违约责任

原、被告双方成立买卖合同关系，原告履行了约定的付款义务，被告提供的货物中存在假冒商品，从聊天记录中被告所承诺的家具品质与原告实际收货的家具对比图也可以看出，被告出售的大量家具的货品质量均不符合双方约定，且被告无法提供合法购买凭证及报关清单，具有违约行为，应当承担违约责任。二手中古家具市场流通极少，该类商品的来源、维修等信息和服务，存在一定的专业性。此外，奢侈品不同于

其他市场上流通的标准化产品，其品质、来源、成色具有稀缺性，买家往往难以辨别，其进行交易更多的是基于对卖家的信任。换言之，原告与被告之间的买卖合同关系的标的具有特殊性，且原告是基于信任与被告建立了合同关系。但被告实施的欺诈行为已经使合同订立的基础丧失，被告的违约行为使合同目的已经无法实现，被告属于根本违约，根据《民法典》第五百六十三条和第六百一十条的规定，原告可以请求解除合同，被告应当因此承担违约责任。

**五、原告为储存家具支付的仓库租赁费用应当由被告承担**

原告收到被告提供的不符合约定的家具后，为贮藏家具，以9000元/月的价格租赁了一间仓库专门摆放。《民法典》第五百八十四条规定，当事人一方不履行合同义务或者履行合同义务不符合约定，造成对方损失的，损失赔偿额应当相当于因违约所造成的损失。因被告存在违约行为，故货物毁损灭失的责任应当由被告承担，原告为贮藏货物而支出的租赁费用属于原告的损失，该损失也应当由被告承担。

**六、被告无法提供其余商品的有效单据，应当承担举证不能的不利后果**

被告向原告承诺，其所销售的家具系从海外购进，渠道合法、手续齐全，所有销售的二手家具均为正品。《消费者权益保护法》第二十二条规定，经营者提供商品或者服务，应当按照国家有关规定或者商业惯例向消费者出具发票等购货凭证或者服务单据；消费者索要发票等购货凭证或者服务单据的，经营者必须出具。现被告无法提供能够证明其余商品来源及品质的有效凭证，包括购买合同、发票、产地证明、出口许可证等，即被告无法证明货物来源的合法性以及是否为正品。

《消费者权益保护法》第二十三条第三款规定，经营者提供的机动车、计算机、电视机、电冰箱、空调器、洗衣机等耐用商品或者装饰装修等服务，消费者自接受商品或者服务之日起六个月内发现瑕疵，发生争议的，由经营者承担有关瑕疵的举证责任。本案中，原、被告双方买卖的标的物为家具商品，家具商品具有耐用性，应当适用上述第二十三条的规定，由经营者承担举证责任，即被告作为经营者应当提供证据表明其出售的家具来源合法，属于正品，若被告无法提供证据，则应当承担举证不能的不利后果。换言之，被告若无法证明其销售的家具为正品，则应当认定其行为属于违约，应当承担违约责任。

### 律师建议

**一、网络二手交易平台，消费者能否进行退换货**

即便是二手交易，买家与卖家之间的网络买卖合同仍依法成立。

1. 在二手交易中，销售者仍负有保障所售二手商品在合理期限内正常使用的义务，若出现非因消费者之过而产生的非自然损耗类的故障，致使消费者购买目的不能实现的，消费者有权退货。

2. 在二手交易中，若属于现货交易，除有特别约定外以现状交付为质量标准，消费者未在合理的检验期内提出质量异议的，不得以质量问题要求退货。

3. 关于是否适用"七天无理由退换货"的问题，部分法院认为，如果二手产品不属于法律规定的不适用无理由退货的商品，仍应适用"七天无理由退换货"规则；也有法院认为，二手合同本质是基于合同双方对标的物存在瑕疵或折旧的共同认识而达成的一致意思表示。当销售者并无隐瞒消费者或者告知消费者虚假信息的故意时，除非销售者同意，否则消费者无权退货。

**二、消费者无过错情况下，能否要求三倍赔偿**

司法实践中通常认为个人卖家对二手物品进行转让的行为一般不属于商业性经营活动，不受《消费者权益保护法》约束，不适用惩罚性赔偿的规则。但是，销售者在二手商品网站假借出售个人闲置物品的名义长期从事经营性销售活动的，应当承担惩罚性赔偿责任。

**参考法条**

**《民法典》**

**第五百六十三条** 有下列情形之一的，当事人可以解除合同：

（一）因不可抗力致使不能实现合同目的；

（二）在履行期限届满前，当事人一方明确表示或者以自己的行为表明不履行主要债务；

（三）当事人一方迟延履行主要债务，经催告后在合理期限内仍未履行；

（四）当事人一方迟延履行债务或者有其他违约行为致使不能实现合同目的；

（五）法律规定的其他情形。

以持续履行的债务为内容的不定期合同，当事人可以随时解除合同，但是应当在合理期限之前通知对方。

**第六百一十条** 因标的物不符合质量要求，致使不能实现合同目的的，买受人可以拒绝接受标的物或者解除合同。买受人拒绝接受标的物或者解除合同的，标的物毁损、灭失的风险由出卖人承担。

**《最高人民法院关于适用〈中华人民共和国民法典〉总则编若干问题的解释》**

**第二十一条** 故意告知虚假情况，或者负有告知义务的人故意隐瞒真实情况，致使当事人基于错误认识作出意思表示的，人民法院可以认定为民法典第一百四十八条、第一百四十九条规定的欺诈。

**《消费者权益保护法》**

**第二条** 消费者为生活消费需要购买、使用商品或者接受服务，其权益受本法保护；本法未作规定的，受其他有关法律、法规保护。

**第二十条** 经营者向消费者提供有关商品或者服务的质量、性能、用途、有效期限等信息，应当真实、全面，不得作虚假或者引人误解的宣传。

经营者对消费者就其提供的商品或者服务的质量和使用方法等问题提出的询问，应当作出真实、明确的答复。

经营者提供商品或者服务应当明码标价。

**第二十三条** 经营者应当保证在正常使用商品或者接受服务的情况下其提供的商品或者服务应当具有的质量、性能、用途和有效期限；但消费者在购买该商品或者接受该服务前已经知道其存在瑕疵，且存在该瑕疵不违反法律强制性规定的除外。

经营者以广告、产品说明、实物样品或者其他方式表明商品或者服务的质量状况的，应当保证其提供的商品或者服务的实际质量与表明的质量状况相符。

经营者提供的机动车、计算机、电视机、电冰箱、空调器、洗衣机等耐用商品或者装饰装修等服务，消费者自接受商品或者服务之日起六个月内发现瑕疵，发生争议的，由经营者承担有关瑕疵的举证责任。

**第五十五条** 经营者提供商品或者服务有欺诈行为的，应当按照消费者的要求增加赔偿其受到的损失，增加赔偿的金额为消费者购买商品的价款或者接受服务的费用的三倍；增加赔偿的金额不足五百元的，为五百元。法律另有规定的，依照其规定。

经营者明知商品或者服务存在缺陷，仍然向消费者提供，造成消费者或者其他受害人死亡或者健康严重损害的，受害人有权要求经营者依照本法第四十九条、第五十一条等法律规定赔偿损失，并有权要求所受损失二倍以下的惩罚性赔偿。

**案例延伸**

**一、(2020) 川 14 民终 774 号**

本院认为，本案争议的焦点为：戴某宗购买案涉手机是否为生活消费需要，其要求三倍赔偿的请求是否成立。

根据《消费者权益保护法》第二条"消费者为生活消费需要购买、使用商品或者接受服务，其权益受本法保护；本法未作规定的，受其他有关法律、法规保护"的规定，该法所保护的对象是"为生活消费需要"的消费者。根据中国裁判文书网查询结果，戴某宗从 2017 年至今提起大量购物合同诉讼并主张三倍赔偿，且短时间内多次购买手机，同时其在购买案涉手机后与柯某达微信聊天过程中表示手机从未使用过，与普通消费者的消费习惯与目的明显不符。因此，可以认定戴某宗购买案涉手机并非为日常生活所需，而是为索取价款三倍赔偿，故戴某宗的行为不属于《消费者权益保护法》保护的情形，一审法院对戴某宗要求赔偿 29544 元的主张不予支持的认定并无不当。

**二、(2014) 穗越法民二初字第 2826 号**

本院认为，本案争议的焦点为被告向原告销售手镯的行为是否构成《消费者权益保护法》第五十五条规定的欺诈情形。被告作为商家，销售的商品理应与其开具给消费者发票项目上显示的商品名称、质地一致。本案中，被告开具给原告的销售发票上的商品名称显示为"翡翠手镯"，但经鉴定，被告向原告售出的手镯实为"石榴石质玉手镯"。虽然被告辩称其是经不起原告的恳求，才将第一次发票项目"玉镯"更改为"翡翠手镯"，但从原告提供的录音证据来看，被告认为其销售给原告的手镯质地就是翡翠，并明确告知了原告其购买的玉镯是翡翠手镯。依照国家工商行政管理局发布的《欺诈消费者行为处罚办法》（已废止）第三条"经营者在向消费者提供商品中，有下列情形之一的，属于欺诈消费者行为:(一)销售掺杂、掺假,以假充真,以次充好的商品的"之规定,被告作为经营者将"石榴石质玉手镯"冒充"翡翠手镯"销售给原告,以假充真,依法能够认定为欺诈消费者。依照《消费者权益保护法》第五十五条第一款"经营者提供商品或者服务有欺诈行为的,应当按照消费者的要求增加赔偿其受到的损失,增加赔偿的金额为消费者购买商品的价款或者接受服务的费用的三倍;增加赔偿的金额不足五百元的,为五百元。法律另有规定的,依照其规定"之规定,原告要求被告三倍赔偿,即赔偿51300元(17100元×3)的诉讼请求,符合法律规定,本院予以支持。

# 附录　常见合同模板

## 一、《合伙经营协议书》模板

# 合伙经营协议书

合伙人（甲方）姓名：_____ 身份证号码：_____

合伙人（乙方）姓名：_____ 身份证号码：_____

合伙人（丙方）姓名：_____ 身份证号码：_____

鉴于几方同意共同投资经营_____，为明确各方的权利义务，几方本着公平、平等、互利的原则订立合伙协议如下：

**第一条** 经营宗旨：通过合法的手段，创造劳动成果，分享经济利益。

**第二条** 合伙经营项目名称：_____。主要经营地址：_____。经营项目：_____。

**第三条** 合伙期限。

自___年___月___日起至___年___月___日止。合伙期限届满前30日，合伙人应共同协商是否继续合伙经营。

**第四条** 出资金额、方式。

三合伙人平均每人出资人民币_____元，共计人民币_____元作为租赁房屋、添置设备设施、门面装修及前期经营费用。合伙期间各合伙人的出资为共有财产，不得随意请求分割或收回。

**第五条** 盈余分配与债务承担。

合伙各方共同经营、共同劳动，共担风险，共负盈亏。

1. 盈余分配：以出资额各_____为依据，平均分配。

2. 债务承担：经营过程中的债务先以合伙财产偿还，合伙财产不足以清偿时，合伙人共同承担。任何一方对外偿还后，另外几方应当按投资比例在_____日内向对方清偿自己应负担的部分。

**第六条** 入伙、退伙、出资的转让。

（一）入伙。

1. 原则上不吸收新合伙人入伙；特殊情况下吸收新合伙人，必须经所有原合伙人同意；

2. 承认并签署本合伙协议；

3. 除入伙协议另有约定外，入伙的新合伙人与原合伙人享有同等权利，承担同等责任，且对入伙前合伙企业的债务承担连带责任。

（二）退伙。

合伙的经营期限内，有下列情形之一时，合伙人可以退伙：

1. 合伙协议约定的退伙事由出现；

2. 经其他合伙人同意退伙；

3. 发生合伙人难以继续参加合伙的事由。

一方合伙人擅自退伙给其他合伙人造成损失的，应当赔偿损失。

一方合伙人违反国家法律法规给其他合伙人造成损失的，应当赔偿损失。

合伙人退伙后，其他合伙人与该退伙人按退伙时的合伙企业的财产状况进行结算。

（三）出资的转让。

允许合伙人转让其在合伙中的全部或部分财产份额给其他合伙人。未经过全体合伙人同意，不得将合伙股份转让给合伙人以外的其他人。其他合伙人均不同意接收转让股份的，按退伙方式结算。

**第七条** 合伙负责人及合伙事务执行。

几方合伙人共同选举_____为合伙负责人。以_____为营业执照上的负责人（法人代表）。

几方合伙人同意由＿＿＿＿＿＿安排＿＿＿＿＿＿为合伙门店的财务会计师。

几方合伙人同意由＿＿＿＿＿＿安排＿＿＿＿＿＿为合伙门店的财务出纳员。

几方合伙人同意由＿＿＿＿＿＿安排＿＿＿＿＿＿为合伙门店的前台收银员。

几方合伙人共同商议合伙门店的重大事项，经所有合伙人同意后实施；议事规则另行制定并几方签署。

**第八条** 合伙人的权利和义务。

（一）合伙人的权利：

1. 合伙人有事务的经营权、决定权和监督权，合伙的经营活动由合伙负责人决定；

2. 合伙人享有合伙利益的分配权；

3. 合伙人分配合伙利益应以出资额比例进行，合伙经营积累的财产归合伙人共有；

4. 合伙人有退伙的权利。

（二）合伙人的义务：

1. 按照合伙协议的约定维护合伙财产的统一；

2. 分担合伙的经营损失的债务；

3. 为合伙债务承担连带责任。

**第九条** 禁止行为。

（一）未经全体合伙人同意，禁止任何合伙人私自以合伙名义进行业务活动；如其业务获得的利益，则归合伙所有，如其业务造成的损失，则按实际损失进行赔偿。

（二）禁止合伙人在本区域内参与经营与本合伙存在竞争的业务。

（三）除合伙协议另有约定或经其他合伙人同意外，合伙人不得同本合伙的其他人进行交易。

（四）合伙人不得从事损害本合伙企业利益的活动。

**第十条** 合伙营业的继续。

（一）在一方退伙的情况下，其他合伙人有权继续以原企业名称经营原业务。

（二）在合伙人因其他客观情况无法继续经营的情况下，依该合伙人的书面授权或法定选择，既可以结算其财产，其他合伙人继续经营；也可经另几方合伙人同意，接纳其指定的直系亲属、配偶为新的合伙人继续经营。

**第十一条** 合伙的终止和清算。

（一）合伙因下列情形终止：

1. 合伙人同意终止合伙关系；

2. 合伙事务已完成或不能完成；

3. 被依法撤销；

4. 出现法律、行政法规规定的合伙企业解散的其他原因。

（二）合伙的清算：

1. 合伙终止后应当进行清算，并通知债权人；

2. 清算人由双方合伙人担任；

3. 清偿后如有剩余，则按本协议约定的投资比例进行分配；

4. 清算时合伙有亏损，合伙财产不足清偿的部分，各合伙人应承担无限连带清偿责任，合伙人由于承担连带责任，所清偿数额超过其应当承担的数额时，有权向其他合伙人追偿。

**第十二条** 违约责任。

（一）合伙人未按本协议出资的，应当赔偿由此给其他合伙人造成的损失。

（二）合伙人未经其他合伙人同意而转让其财产份额的，可按退伙处理，转让人应赔偿其他合伙人因此而遭受的损失。

（三）合伙人私自以其在合伙企业中的财产或其财产份额出质（作为担保、抵押）的，其行为无效，或者作为退伙处理；由此给其他合伙人造成损失的，应承担赔偿责任。

（四）合伙人严重违反本协议，或因重大过失或违反法律而导致合伙门店解散的，应当对其他合伙人承担赔偿责任。

**第十三条** 合同争议解决方式。

凡因本协议或与本协议有关的一切争议，合伙人之间共同协商，如协商不成，可向当地人民法院起诉。

**第十四条** 其他。

（一）经协商一致，合伙人可以修改本协议或对未尽事宜进行补充；补充、修改内容与本协议相冲突的，以补充、修改后的内容为准。

（二）本协议确定合伙经营门店，对外为个体工商户承担民事责任，对内则依据本协议确定各合伙人的责任、权利、义务。

（三）本合同一式_____份，合伙人各执一份。

（四）本合同经双方合伙人签名后生效。


合伙人：

合伙人（甲方）：

合伙人（乙方）：

合伙人（丙方）：

签署时间： 年 月 日

## 二、《仲裁协议》模板

# 仲裁协议

甲　　方：_____

联系地址：_____

联系电话：_____

乙　　方：_____

联系地址：_____

联系电话：_____

甲、乙双方经协商，一致同意将_____年____月____日签订的_____纠纷所涉争议提交××仲裁委员会仲裁，由该会适用《××仲裁委员会仲裁规则》规定的程序优先调解，调解不成作出裁决。裁决是终局的，对双方均具有约束力。


甲方：(签字并盖章)　　　　　　　　乙方：(签字并盖章)

## 三、《买卖合同》模板

# 买卖合同

买方：_____（下称甲方）　　卖方：_____（下称乙方）

地址：_____　　　　　　地址：_____

电话：_____　　　　　　电话：_____

电子邮箱：_____　　　　电子邮箱：_____

买卖双方依据国家有关法律规定，经过平等协商，就_____（合同名称）达成如下协议：

一、乙方向甲方提供_____（买卖合同的标的，可以用列表式，把标的物的名称、数量、质量、单价、总价款和附加费用写清楚），总价值_____元。

二、交提货方式（应写明是甲方自提，还是送货上门；是车板交付，还是乙方仓库交付。不同的交付方式，其义务、责任是不同的）。

三、质量标准（要明确依据什么标准验收货物的质量，双方可以约定适用国家标准、行业标准，但应写明适用的标准名称、编号；没有国家标准的，双方可以约定其他质量标准）。

四、乙方应当提供_____部门（标的物须经有关部门批准才能出售的，此条款就是必要条款）出具的证明文件（或者批准证书），文件不全导致合同标的物的所有权不能转移给甲方的，乙方应当承担法律责任。

五、价格条款（明确货款数额及货物支付方式）。

六、验收方式（可以写明乙方应当提供据以验收的必要的技术资料或者样品。对标的物有异议的，应当明确在什么时间内向对方提出方为有效）。

七、合同的履行期限（写明履行的时间，分期履行要明确每一履行期的起止日期）。

八、担保条款（双方都可以要求对方提供担保。担保要符合担保法的规定，担保的方式可以是保证、抵押、质押等）。

九、包装条款（货物包装要符合国家规定的标准，对于包装物是否回收、包装的价款由谁承担等，双方应约定清楚）。

十、合同的变更和解除（在何种情况下可以变更和解除合同，要写明变更和解除的程序、通知的方式等内容）。

十一、标的物风险条款（写明标的物交付前后的责任，如果双方未约定，则要依据合同法的规定确定标的物风险由谁承担）。

十二、违约责任（明确不履行合同规定的义务应当承担的法律责任和免除当事人责任的具体情况）。

（一）甲方违约：

1. 甲方逾期付款的，应按逾期付款金额每____（日或周）____分之____计算，向乙方支付逾期付款的违约金。

2. 甲方违反合同规定拒绝接收货物的，应承担因此给乙方造成的损失。

3. 甲方如错填到货的地点、接货人，或对乙方提出错误异议，则应承担乙方因此所受到的实际损失。

4. 其他约定：_____。

（二）乙方违约：

1. 乙方不能交货的，应向甲方偿付不能交货部分货款_____%的违约金。

2. 乙方所交货物品种、型号、规格、花色、质量不符合合同约定的，如甲方同意利用，则应按质论价；甲方不能利用的，应根据具体情况，由乙方负责包换或包修，并承担因修理、调换或退货而支付的实际费用。

3. 乙方因货物包装不符合合同规定，须返修或重新包装的，乙方负责返修或重新包装，并承担因此支出的费用。甲方不要求返修或重新包装而要求赔偿损失的，乙方应赔偿甲方该不合格包装物低于合格物的差价部分。因包装不当造成货物损坏或灭失的，由乙方负责赔偿。

4. 乙方逾期交货的，应按照逾期交货金额每日万分之_____计算，向甲方支付逾期交货的违约金，并赔偿甲方因此所遭受的损失。如逾期超过_____日，甲方有权终止合同并可就遭受的损失向乙方索赔。

5. 乙方提前交的货物、多交的货物，如其品种、型号、规格、花色、质量不符合约定，则甲方在代保管期间实际支付的保管、保养等费用以及非因甲方保管不善而发生的损失，均应由乙方承担。

6. 货物错发到货地点或接货人的，乙方除应负责将货物运到合同约定的到货地点或接货人外，还应承担甲方因此多支付的实际合理费用和逾期交货的违约金。

7. 乙方提前交货的，甲方接到货物后，仍可按合同约定的付款时间付款；合同约定自提的，甲方可拒绝提货。乙方逾期交货的，乙方应在发货前与甲方协商，甲方仍需要货物的，乙方应按数补交，并承担逾期交货责任；甲方不再需要货物的，应在接到乙方通知后_____日内通知乙方，办理解除合同手续，逾期不答复的，视为同意乙方发货。

8. 其他：_____。

十三、凡因本合同引起的或与本合同有关的任何争议，如双方不能通过友好协商解决，则交由_____仲裁委员会进行仲裁。仲裁裁决是终局的，对双方均有约束力。协商调解不成的，应当向_____人民法院提起诉讼。

十四、补充与附件。

本合同未尽事宜，依照有关法律、法规执行，法律、法规未作规定的，甲、乙双方可以达成书面补充协议。本合同的附件和补充协议均为本合同不可分割的组成部分，与本合同具有同等的法律效力。

十五、本合同自_____生效（可以约定自双方签字盖章时起生效，也可以约定自某具体时间起生效）。本合同一式_____份，双方各执_____份，具有同等法律效力（两种文字的文本，以中文版为主）。合同副本一式_____份，交由_____保管。

甲方（盖章）：　　　　　　　　乙方（盖章）：
法人代表（签字）：_____　　法人代表（签字）：_____
___年___月___日　　　　　　　___年___月___日

## 四、《房屋租赁合同》模板

# 房屋租赁合同

甲方（出租方）：_____

本人（法定代表人）姓名：_____ 职务：_____

地址：_____邮编：_____电话：_____

乙方（承租方）：_____

本人（法定代表人）姓名：_____ 职务：_____

地址：_____邮编：_____电话：_____

根据《中华人民共和国民法典》《中华人民共和国城市房地产管理法》及其他有关法律、法规之规定，在平等、自愿、协商一致的基础上，甲、乙双方就房屋的租赁达成如下协议：

**第一条** 房屋基本情况。

甲方房屋（以下简称该房屋）坐落于_____；位于第_____层，共_____（套），_____（间），房屋结构为_____，建筑面积_____平方米（其中实际建筑面积_____平方米，公共部位与公用房屋分摊建筑面积_____平方米）；该房屋所占地土地使用权以（出让）（划拨）方式取得；该房屋平面图见本合同附件一，该房屋附着设施见附件二；（房屋所有权证号、土地使用权证号）（房地产权证号）为_____。

**第二条** 房屋用途。

该房屋用途为_____。

除双方另有约定外，乙方不得任意改变房屋用途。

**第三条** 租赁期限。

租赁期限自＿＿＿＿年＿＿月＿＿日起至＿＿＿＿年＿＿月＿＿日止。

**第四条** 租金。

该房屋月租金为（人民币）＿＿＿＿元整。

租赁期间，如遇到国家有关政策调整，则按新政策规定调整租金标准；除此之外，出租方不得以任何理由任意调整租金。

**第五条** 付款方式。

乙方应于本合同生效之日向甲方支付定金（人民币）＿＿＿元整。租金按（月）（季）（年）结算，由乙方于每（月）（季）（年）的第＿＿个月的＿＿日交付给甲方。

**第六条** 交付房屋期限。

甲方应于本合同生效之日起＿＿＿日内，将该房屋交付给乙方。

**第七条** 甲方对房屋产权的承诺。

甲方保证在交易时该房屋没有产权纠纷；除补充协议另有约定外，有关按揭、抵押债务、税项及租金等，甲方均在交付房屋前办妥。交易后如有上述未清事项，由甲方承担全部责任，由此给乙方造成经济损失的，由甲方负责赔偿。

**第八条** 维修养护责任。

租赁期间，甲方对房屋及其附着设施每隔＿＿＿年检查、修缮一次，乙方应予积极协助，不得阻挠施工。

正常的房屋大修费用由＿＿＿方承担；日常的房屋维修费用由＿＿＿方承担。

因乙方管理使用不善造成房屋及其相连设备的损失和维修费用，由乙方承担并负责赔偿损失。

租赁期间，对于防火安全，门前三包，综合治理及安全、保卫等工作，乙方应执行当地有关部门的规定并承担全部责任和服从甲方的监督检查。

**第九条** 关于装修和改变房屋结构的约定。

乙方不得随意损坏房屋设施，如需改变房屋的内部结构和装修或设置对房屋结构有影响的设备，需征得甲方书面同意，投资由乙方自理，退租时，除另有约定外，甲方有权要求乙方按原状恢复或交纳恢复工程所需费用。

**第十条** 关于房屋租赁期间的有关费用。

在房屋租赁期内，以下费用由乙方支付，并由乙方承担延期付款的违约责任：

1. 水、电费；

2. 煤气费；

3. 供暖费；

4. 物业管理费。

在租赁期内，如果发生政府有关部门征收本合同未列出项目但与使用该房屋有关的费用，均由乙方支付。

**第十一条** 租赁期满。

租赁期满后，本合同即终止，届时乙方须将房屋退还甲方。如乙方要求继续租赁，则须提前＿＿＿＿＿＿个月书面向甲方提出，甲方在合同期满前＿＿＿＿＿＿个月内向乙方正式书面答复，如同意继续租赁，则续签租赁合同。

**第十二条** 因乙方责任终止合同的约定。

乙方有下列情形之一的，甲方可终止合同并收回房屋，造成甲方损失的，由乙方负责赔偿：

1. 擅自将承租的房屋转让、转借他人或擅自调换使用；

2. 擅自拆改承租房屋结构或改变承租房屋用途；

3. 欠租金累计达_____个月；

4. 无正当理由闲置达_____个月；

5. 利用承租房屋进行违法活动；

6. 故意损坏承租房屋。

**第十三条** 提前终止合同。

租赁期间，任何一方提出终止合同，均需提前半年书面通知对方，经双方协商后签订终止合同书，在终止合同书生效前，本合同仍有效。

如因国家建设、不可抗力因素或出现本合同第十条规定的情形，甲方必须终止合同时，一般应提前三个月书面通知乙方。乙方的经济损失甲方不予补偿。

**第十四条** 登记备案的约定。

自本合同生效之日起_____日内，甲、乙双方持本合同及有关证明文件向_____申请登记备案。

**第十五条** 违约责任。

租赁期间，双方必须信守合同，任何一方违反本合同的规定，须按年向对方交纳年度租金的_____%。

**第十六条** 不可抗力原因导致该房屋毁损和造成损失的，双方互不承担责任。

**第十七条** 本合同未尽事项，由甲、乙双方另行议定，并签订补充协议。补充协议与本合同不一致的，以补充协议为准。

**第十八条** 本合同之附件均为本合同不可分割之一部分。本合同及其附件内，空格部分填写的文字与印刷文字具有同等效力。

本合同及其附件和补充协议中未规定的事项，均遵照中华人民共和国有关法律、法规和政策执行。

**第十九条** 甲、乙一方或双方为境外组织或个人的，本合同应经该房屋所在地公证机关公证。

**第二十条** 本合同在履行中发生争议，由甲、乙双方协商解决。协商不成时，甲、乙双方同意按第____项解决：（1）由_____仲裁委员会仲裁。（2）向_____人民法院起诉。

**第二十一条** 本合同连同附表共_____页，一式_____份，甲、乙双方各执一份，均具有同等法律效力。

甲方：_____　　　　　　乙方：_____

甲方代理人：_____　　　　　乙方代理人：_____

_____年___月___日　　　　　　　_____年___月___日

## 五、《劳动合同》模板

# 劳动合同

甲　　方：_____

乙　　方：_____

签订日期：_____年_____月_____日


乙　　方：_____

性　　别：_____

根据《中华人民共和国劳动法》，甲、乙双方经平等协商同意，自愿签订本合同，共同遵守本合同所列条款。

### 一、劳动合同期限

**第一条**　本合同期限类型为_____期限合同。

本合同生效日期_____年_____月_____日，其中试用期_____。

本合同_____终止。

### 二、工作内容

**第二条**　乙方同意根据甲方工作需要，担任_____岗位（工种）工作。

**第三条**　乙方应按照甲方的要求，按时完成规定的工作数量，达到规定的质量标准。

### 三、劳动保护和劳动条件

**第四条** 甲方安排乙方执行_____工作制。

执行定时工作制的，甲方安排乙方每日工作时间不超过八小时，平均每周不超过四十四小时。甲方保证乙方每周至少休息一日，甲方由于工作需要，经与工会和乙方协商后可以延长工作时间，一般每日不得超过一小时，因特殊原因需要延长工作时间的，在保障乙方身体健康的条件下延长工作时间每日不得超过三小时，每月不得超过三十六小时。

执行综合计算工时工作制的，平均日和平均周工作时间不超过法定标准工作时间。

执行不定时工作制的，工作和休息休假由乙方自行安排。

**第五条** 甲方延长乙方工作时间，应安排乙方同等时间倒休或依法支付加班加点工资。

**第六条** 甲方为乙方提供必要的劳动条件和劳动工具，建立健全生产工艺流程，制定操作规程、工作规范和劳动安全卫生制度及其标准。

甲方应按照国家或××市有关部门的规定组织安排乙方进行健康检查。

**第七条** 甲方负责对乙方进行政治思想、职业道德、业务技术、劳动安全卫生及有关规章制度的教育和培训。

### 四、劳动报酬

**第八条** 甲方的工资分配应遵循按劳分配原则，实行同工同酬。

**第九条** 执行定时工作制或综合计算工时工作制的乙方完成规定的工作任务，甲方每月_____日以货币形式足额支付乙方工资，工资不低于_____元，其中试用期间工资为_____元。

执行不定时工作制的工资为_____元。

**第十条** 甲方安排乙方加班或延长工作时间超过本合同第四条第二款规定的时间的，按《中华人民共和国劳动法》第四十四条支付工资报酬。

**第十一条** 由于甲方生产任务不足，乙方下岗待工的，甲方保证乙方的月生活费不低于_____元。

### 五、保险福利待遇

**第十二条** 甲、乙双方应按国家和××市社会保险的有关规定交纳职工养老、失业和大病医疗统筹及其他社会保险费用。

甲方应为乙方填写《职工养老保险手册》。双方解除、终止劳动合同后，《职工养老保险手册》按有关规定转移。

**第十三条** 乙方患病或非因工负伤，其病假工资、疾病救济费和医疗待遇按照_____执行。

**第十四条** 乙方患职业病或因工负伤的工资和医疗保险待遇按国家和××市有关规定执行。

**第十五条** 甲方为乙方提供以下福利待遇_____。

### 六、劳动纪律

**第十六条** 乙方应遵守甲方依法制定的规章制度；严格遵守劳动安全卫生、生产工艺、操作规程和工作规范；爱护甲方的财产，遵守职业道德；积极参加甲方组织的培训，提高思想觉悟和职业技能。

**第十七条** 乙方违反劳动纪律，甲方可依据本单位规章制度，给予纪律处分，直至解除本合同。

### 七、劳动合同的变更、解除、终止、续订

**第十八条** 订立本合同所依据的法律、行政法规、规章发生变化，本合同应变更相关内容。

**第十九条** 订立本合同所依据的客观情况发生重大变化，致使本合同无法履行的，经甲、乙双方协商同意，可以变更本合同相关内容。

**第二十条** 经甲、乙双方协商一致，本合同可以解除。

**第二十一条** 乙方有下列情形之一，甲方可以解除本合同：

1. 在试用期间被证明不符合录用条件的；

2. 严重违反劳动纪律或甲方规章制度的；

3. 严重失职、营私舞弊，对甲方利益造成重大损害的；

4. 被依法追究刑事责任的。

**第二十二条** 有下列情形之一，甲方可以解除本合同，但应提前三十日以书面形式通知乙方：

1. 乙方患病或非因工负伤，医疗期满后，不能从事原工作也不能从事甲方另行安排的工作的；

2. 乙方不能胜任工作，经过培训或者调整工作岗位，仍不能胜任工作的；

3. 双方不能依据本合同第十九条的规定就变更合同达成协议的。

**第二十三条** 甲方濒临破产进行法定整顿期间或者生产经营发生严重困难，经向工会或者全体职工说明情况，听取工会或者职工的意见，并向劳动行政部门报告后，可以解除本合同。

**第二十四条** 乙方有下列情形之一，甲方不得依据本合同第二十二条、第二十三条终止、解除本合同：

1. 患病或非因工负伤，在规定的医疗期内的；

2. 女职工在孕期、产期、哺乳期内的；

3. 复员退伍义务兵和建设征地农转工人员初次参加工作未满三年的；

4. 义务服兵役期间的。

**第二十五条** 乙方患职业病或因工负伤，医疗终结，经市、区、县劳动鉴定委员会确认完全或部分丧失劳动能力的，按_____办理，不得依据本合同第二十二条、第二十三条解除劳动合同。

**第二十六条** 乙方解除劳动合同，应当提前三十日以书面形式通知甲方。

**第二十七条** 有下列情形之一，乙方可以随时通知甲方解除本合同：

1. 在试用期内的；

2. 甲方以暴力、威胁、监禁或者非法限制人身自由的手段强迫劳动的；

3. 甲方不能按照本合同的规定支付劳动报酬或者提供劳动条件的。

**第二十八条** 本合同期限届满，劳动合同即终止。双方当事人在本合同期满前_____日向对方表示续订意向。甲、乙双方经协商同意，可以续订劳动合同。

**第二十九条** 订立无固定期限劳动合同的，乙方达到法定退休年龄或甲、乙双方约定的终止条件出现，本合同终止。

**八、经济补偿与赔偿**

**第三十条** 有下列情形之一，甲方违反和解除乙方劳动合同的，应按下列标准支付乙方经济补偿金：

1. 甲方克扣或者无故拖欠乙方工资，以及拒不支付乙方延长工作时间工资报酬的，除在规定的时间内全额支付乙方工资报酬外，还需加发相当于工资报酬百分之二十五的经济补偿金；

2. 甲方支付乙方的工资报酬低于本市最低工资标准的，要在补足低于标准部分的同时，另外支付相当于低于部分百分之二十五的经济补偿金。

**第三十一条** 有下列情形之一，甲方应根据乙方在甲方的工作年限，每满一年发给相当于乙方解除本合同前十二个月平均工资一个月的经济补偿金，最多不超过十二个月：

1. 经与乙方协商一致，甲方解除劳动合同的；

2. 乙方不能胜任工作，经过培训或者调整工作岗位仍不能胜任工作，由甲方解除劳动合同的。

**第三十二条** 有下列情形之一，甲方应根据乙方在甲方的工作年限，每满一年发给相当于本单位上年度月平均工资一个月的经济补偿金：

1. 乙方患病或者非因工负伤，经劳动鉴定委员会确认不能从事原工作，也不能从事甲方另行安排的工作而解除本合同的；

2. 劳动合同订立时所依据的客观情况发生重大变化，致使本合同无法履行，经当事人协商不能就变更劳动合同达成协议，由甲方解除劳动合同的；

3. 甲方濒临破产进行法定整顿期间或者生产经营状况发生严重困难，必须裁减人员的。

以上三种情况，如果乙方被解除本合同前十二个月的月平均工资高于本单位上年度月平均工资的，按本人月平均工资计发。

第三十三条　甲方解除本合同后，未按规定给予乙方经济补偿的，除全额发给经济补偿金外，还须按该经济补偿金数额的百分之五十支付额外经济补偿金。

第三十四条　支付乙方经济补偿时，乙方在甲方工作时间不满一年的，按一年的标准发给经济补偿金。

第三十五条　乙方患病或者非因工负伤，经劳动鉴定委员会确认不能从事原工作，也不能从事甲方另行安排的工作而解除本合同的，甲方还应发给乙方不低于企业上年度月人均工资六个月的医疗补助费。患重病和绝症的还应增加医疗补助费，患重病的增加部分不低于医疗补助费的百分之五十，患绝症的增加部分不低于医疗补助费的百分之一百。

第三十六条　甲方违反本合同约定的条件解除劳动合同或由于甲方原因订立的无效劳动合同，给乙方造成损害的，应按损失程度承担赔偿责任。

第三十七条　乙方违反本合同约定的条件解除劳动合同或违反本合同约定的保守商业秘密事项，给甲方造成经济损失的，应按损失的程度依法承担赔偿责任。

**第三十八条** 乙方解除本合同的，凡由甲方出资培训和招接收的人员，应向甲方偿付培训费和招接收费。其标准为：服务（工作）每满一年按培训费和招接收费总额的百分之二十递减；服务（工作）满五年不再偿付。

## 九、劳动争议处理

**第三十九条** 因履行本合同发生的劳动争议，当事人可以向本单位劳动争议调解委员会申请调解；调解不成，当事人一方要求仲裁的，应当自劳动争议发生之日起六十日内向_____劳动争议仲裁委员会申请仲裁。当事人一方也可以直接向劳动争议仲裁委员会申请仲裁。对裁决不服的，可以向人民法院提起诉讼。

## 十、其他

**第四十条** 甲方以下列规章制度_____作为本合同附件。

**第四十一条** 本合同未尽事宜，或与今后国家、××市有关规定相悖的，按有关规定执行。

**第四十二条** 本合同一式两份，甲、乙双方各执一份。

甲方：_____（盖章）　　　乙方：_____（签字）

法定代表人：_____

签订日期：_____年_____月_____日

鉴证机关（盖章）　　　　　　　　　鉴证员（签章）

鉴证时间：_____年_____月_____日

## 六、《财产保险合同》模板

# 财产保险合同

### 一、保险财产

保险财产是指在本保险单明细表中列明的财产及费用。

经被保险人特别申请,并经本公司书面同意,下列物品及费用经专业人员或公估部门鉴定并确定价值后,亦可作为保险财产:

(一)金银、珠宝、钻石、玉器;

(二)古玩、古币、古书、古画;

(三)艺术作品、邮票;

(四)建筑物上的广告、天线、霓虹灯、太阳能装置等;

(五)计算机资料及其制作、复制费用。

下列物品一律不得作为保险财产:

(一)枪支弹药、爆炸物品;

(二)现钞、有价证券、票据、文件、档案、账册、图纸;

(三)动物、植物、农作物;

(四)便携式通信装置、电脑设备、照相摄像器材及其他贵重物品;

(五)用于公共交通的车辆。

### 二、责任范围

在本保险期限内,若本保险单明细表中列明的保险财产因以下列明的风险造成的直接物质损坏或灭失(以下简称损失),本公司同意按照本保险单的规定负责赔偿。

(一)火灾;

（二）爆炸，但不包括锅炉爆炸；

（三）雷电；

（四）飓风、台风、龙卷风；

（五）风暴、暴雨、洪水（但不包括正常水位变化、海水倒灌及水库、运河、堤坝在正常水位线以下的排水和渗漏，亦不包括风暴、暴雨或洪水造成存放在露天或使用芦席、篷布、茅草、油毛毡、塑料膜或尼龙等作罩棚或覆盖的保险财产的损失）；

（六）冰雹；

（七）地崩、山崩、雪崩；

（八）火山爆发；

（九）地面下陷下沉，但不包括打桩、地下作业及挖掘作业引起的地面下陷下沉；

（十）飞机坠毁、飞机部件或飞行物体坠落；

（十一）水箱、水管爆裂，但不包括锈蚀引起的水箱、水管爆裂。

## 三、除外责任

本公司对下列各项不负责赔偿：

（一）被保险人及其代表的故意行为或重大过失引起的任何损失和费用；

（二）地震、海啸引起的损失和费用；

（三）贬值、丧失市场或使用价值等其他后果损失；

（四）战争、类似战争行为、敌对行为、武装冲突、恐怖活动、谋反、政变、罢工、暴动、民众骚乱引起的损失和费用；

（五）政府命令或任何公共当局的没收、征用、销毁或毁坏；

（六）核裂变、核聚变、核武器、核材料、核辐射以及放射性污染引起的任何损失和费用；

（七）大气、土地、水污染及其他各种污染引起的任何损失和费用，但不包括本保险单第二条责任范围列明的风险造成的污染引起的损失；

（八）本保险单明细表或有关条款中规定的应由被保险人自行负担的免赔额；

（九）其他不属于本保险单第二条责任范围列明的风险引起的损失。

四、赔偿处理

（一）如果发生本保险责任范围内的损失，则本公司选择下列方式赔偿：

1. 按受损财产的价值赔偿；

2. 赔付受损财产基本恢复原状的修理、修复费用；

3. 修理、修复受损财产，使之达到与同类财产基本一致的状况。

（二）受损财产的赔偿按损失当时的市价计算。市价低于保险金额时，赔偿按市价计算；市价高于保险金额时，赔偿按保险金额与市价的比例计算。如本保险所载项目不止一项时，赔款按本规定逐项计算。

（三）保险项目发生损失后，如本公司按全部损失赔付，其残值应在赔款中扣除，本公司有权不接受被保险人对受损财产的委付。

（四）任何属于成对或成套的项目，若发生损失，则本公司的赔偿责任不超过该受损项目在所属整对或整套项目的保险金额中所占的比例。

（五）发生损失后，被保险人为减少损失而采取必要措施所产生的合理费用，本公司可予以赔偿，但本项费用以保险财产的保险金额为限。

（六）本公司赔偿损失后，由本公司出具批单将保险金额从损失发生之日起相应减少，并且不退还保险金额减少部分的保险费。如被保险人要求恢复至原保险金额，应按约定的保险费率加缴恢复部分从损失发生之日起至保险期限终止之日止按日比例计算保险费。

（七）被保险人的索赔期限，从损失发生之日起，不得超过两年。

五、被保险人的义务

被保险人及其代表应严格履行下列义务：

（一）投保时，被保险人及其代表应对投保申请书中列明的事项以及本公司提出的其他事项作真实、详尽的说明或描述；

（二）被保险人及其代表应根据本保险单明细表和批单中的规定按期缴付保险费；

（三）在保险期限内，被保险人应采取一切合理的预防措施，包括认真考虑并付诸实施本公司代表提出的合理的防损建议，由此产生的一切费用，均由被保险人承担；

（四）在发生引起或可能引起本保险单项下索赔的损失时，被保险人及其代表应：

1. 立即通知本公司，并在七日内或经本公司书面同意延长的期限内以书面提供事故发生的经过，原因和损失程度；

2. 采取一切必要措施防止损失的进一步扩大并将损失降到最低限度；

3. 在本公司的代表或检验师进行勘查之前，保留事故现场及有关实物证据；

4. 根据本公司的要求提供作为索赔依据的所有证明文件、资料和单据。

**六、总则**

（一）保单效力

被保险人严格遵守和履行本保险单的各项规定，是本公司在本保险单项下承担赔偿责任的先决条件。

（二）保单无效

如果被保险人或其代表漏报、错报、虚报或隐瞒有关本保险的实质性内容，则本保险单无效。

（三）保单终止

除非经本公司书面同意，否则本保险单将在下列情况下自动终止：

1. 被保险人丧失保险利益；

2. 承保风险扩大。

本保险单终止后，本公司将按日比例退还被保险人本保险单项下未到期部分的保险费。

（四）保单注销

被保险人可随时书面申请注销本保险单，本公司亦可提前十五日通知被保险人注销本保险单。对于本保险单已生效期间的保险费，前者本公司按短期费率计收，后者按日比例计收。

（五）权益丧失

如果任何索赔含有虚假成分，或被保险人或其代表在索赔时采取欺诈手段企图在本保险单项下获取利益，或任何损失是由被保险人或其代表的故意行为或纵容所致，那么，被保险人将丧失其在本保险单项下的所有权益。对由此产生的包括本公司已支付的赔偿在内的一切损失，都应由被保险人负责赔偿。

（六）合理查验

本公司的代表有权在任何适当的时候对保险财产的风险情况进行现场查验。被保险人应提供一切便利及本公司要求的用于评估有关风险的详情和资料。但上述查验并不构成本公司对被保险人的任何承诺。

（七）重复保险

本保险单负责赔偿损失、费用或责任时，若另有其他保障相同的保险存在，则不论是否由被保险人或他人以其名义投保，也不论该保险赔偿与否，本公司均仅负责按比例分摊赔偿的责任。

（八）权益转让

若本保险单项下负责的损失涉及其他责任方时，不论本公司是否已赔偿被保险人，被保险人都应立即采取一切必要的措施行使或保留向该责任方索赔的权利。在本公司支付赔偿后，被保险人应将向该责任方追偿的权利转让给本公司，移交一切必要的单证，并协助本公司向责任方追偿。

（九）争议处理

被保险人与本公司之间的一切有关本保险的争议应通过友好协商解决。如果协商不成，可申请仲裁或向法院提出诉讼。除事先另有协议外，仲裁或诉讼应在被告方所在地进行。

**七、特别条款**

下列特别条款适用于本保险单的各个部分，若其与本保险单的其他规定相冲突，则以下列特别条款为准。

**财产保险单**

保险单号码：_____。

鉴于本保险单明细表中列明的被保险人向_____保险公司（以下简称本公司）提交书面投保申请和有关资料（该投保申请及资料被视作本保险单的有效组成部分），并向本公司缴付了本保险单明细表中列明的保险费，本公司同意按本保险单的规定负责赔偿在本保险单明细表中列明的保险期限内被保险人的保险财产遭受的损坏或灭失，特立本保险单为凭。

_____保险公司

_____授权签字

签发日期：_____年____月____日

签发地点：_____

_____保险公司

_____授权签字

**明细表**

保险单号码：_____。

一、被保险人名称和地址：_____。

二、保险财产地址：_____。

三、营业性质：_____。

四、保险项目及保险金额：_____。

**项目保险金额**

（一）保险财产

1. 建筑物（包括装修）：_____。

2. 机器设备：_____。

3. 装置、家具及办公设施或用品：_____。

4. 仓储物品：_____。

5. 其他：_____。

（二）附加费用

1. 清除残骸费用：_____。

2. 灭火费用：_____。

3. 专业费用：_____。

4. 其他费用：_____。

总保险金额：_____。

五、每次事故免赔额：_____。

六、保险期限：共_____个月。

自_____年____月____日零时起，至_____年____月____日二十四时止。

七、保险费率：_____。

总保险费：_____。

八、付费日期：_____。

九、司法管辖。

本保险单受中华人民共和国的司法管辖。

十、特别条款。

_____保险公司。

## 七、《融资租赁合同》模板

# 融资租赁合同

出租方（以下简称甲方）：_____

承租方（以下简称乙方）：_____

甲、乙双方同意按照下列条款签订本融资租赁合同。

**第一条** 合同说明

甲方根据乙方的需要和委托，按照乙方提供的租赁财产的名称、品质、规格、数量和金额等要求，购进第二条规定的租赁物件出租给乙方，并由乙方承租。

**第二条** 租赁财产的名称、品质、规格、数量和金额

**第三条** 租赁财产的交货方式、验收标准、交货地点和使用地点

1. 租赁财产由供货方直接运达承租人所指定的交货地点向承租人交货。

2. 租赁财产运达安装或使用地点后，乙方应在_____日内检查租赁物件，并将签收盖章后租赁物件的验收收据交给甲方。

3. 在_____日内乙方未按前项规定向甲方交付验收收据的，视为租赁物件已在完整良好状态下由乙方验收完毕，并视同乙方已经将租赁物件的验收收据交付给甲方。

4. 如果乙方在验收时发现租赁物件的品质、规格、数量等有不符，不良或瑕疵等情况属于卖方的责任时，乙方应在接货后_____日内从商检部门取得商检证明并立即将上述情况书面通知甲方，甲方将根据与供

货方签订的购货合同规定的有关条款协助乙方对外进行交涉，办理索赔等事宜。

**第四条** 租赁期限

**第五条** 租金金额、支付日期和方式

**第六条** 租金的担保

1. 本合同一经签订，乙方即向甲方支付双方商定的保证金_____元，作为履行本合同的保证。租赁保证金不计利息，在租赁期满时归还乙方或规定为抵最后一期租金的全部或一部分。乙方违反本合同任何条款时，甲方将从租赁保证金中抵扣乙方应支付给甲方的款项。

2. 乙方委托_____为本合同乙方的经济担保人。不论发生何种情况，乙方未按照本合同的要求支付租金时，均由乙方经济担保人按相关法律规定负连带赔偿责任。

**第七条** 合同期满时租赁财产的处理即确定是退租、续租，还是留购

**第八条** 当事人的权利义务

**第九条** 违约责任

**第十条** 争议的解决方式

本合同在履行中如发生争议，双方应协商解决；协商不成时，任何一方均可向工商行政管理局经济合同仲裁委员会申请调解或仲裁，也可向人民法院起诉。

**第十一条** 双方商定的其他条款

**第十二条** 甲方与供货方订立的购货合同是本合同的附件

本合同未尽事宜，由双方协商解决。

本合同自签订之日起生效。

本合同正本一式两份，自甲、乙双方签字盖章后生效，双方各执正本一份为凭，副本_____份分送_____部门备案。

甲方（盖章）： 　　　乙方（盖章）：

地址：_____　　　地址：_____
法人代表（签字）：_____　　　法人代表（签字）：_____
承办人：_____　　　承办人：_____
开户银行：_____　　　开户银行：_____
账号：_____　　　账号：_____
电话：_____　　　电话：_____
担保人（盖章）：

　　　　　　　　　　　　签订日期：_____年___月___日
　　　　　　　　　　　　签订地点：_____

## 八、《借款合同》模板

## 借款合同

　　为购买房产/汽车/装修/生意/日常消费生活等，今通过银行卡/微信/支付宝转账向_____（身份证号：_____）借到人民币_____元（大写：_____元整），年利率_____%（大写：百分之_____），于_____年\_\_\_\_月\_\_\_\_日到期时还本付息。若借款人逾期未归还借款，则应按当期一年期贷款市场报价利率（LPR）的一/二/三/四倍计付逾期利息。

　　如借款人违约，则出借人为维护自身权益向借款人追偿而产生的一切费用（包括但不限于律师费、诉讼费、保全费、交通费、差旅费、鉴定费等）均由借款人承担。

　　借款双方身份证载明的地址可作为送达催款函、对账单、法院送达诉讼文书的地址，载明的地址有误或未及时告知变更后的地址，导致相关文书及诉讼文书未能实际被接收、邮寄送达的，相关文书及诉讼文书退回之日即视为送达之日。

借款人：_____（签字按印）

身份证号：_____

联系电话：_____

_____年\_\_\_\_月\_\_\_\_日

　　本人_____作为一般/连带责任保证人对借款人_____上述借款债务承担一般/连带责任保证，保证期间为上述债务履行期限届满之日起六个月。

保证人：_____（签字按印）

身份证号：_____

联系电话：_____

年　月　日

附件：

1. 借款人身份证复印件（借款人签字确认）；

2. 保证人身份证复印件（保证人签字确认）。

注：

1. 借条中的"保证人"一定要注明是一般保证人还是连带责任保证人；

2. 一年期贷款市场报价利率（LPR）可在"中国货币网"官网www.chinamoney.com.cn查询。

## 九、《股权转让协议》模板

# 股权转让协议

法定代表人：_____ 职务：_____

委托代理人：_____ 职务：_____

受让方：_____公司（以下简称乙方）

地址：_____

法定代表人：_____ 职务：_____

委托代理人：_____ 职务：_____

_____公司（以下简称合营公司），于_____年___月___日成立，由甲方与_____合资经营，注册资金为_____币_____万元，投资总额为_____币_____万元，实际已投资_____币_____万元。甲方愿将其占合营公司_____%的股权转让给乙方；经公司董事会通过，并征得他方股东的同意，现甲、乙双方就转让股权一事，达成协议如下：

**一、股权转让的价格、期限及方式**

1. 甲方占有公司_____%的股权，根据原合营公司合同书的规定，甲方应投资_____币_____万元。现甲方将其占公司_____%的股权以_____币_____万元转让给乙方。

2. 乙方应于本协议生效之日起_____日内按第一条第一款规定的货币和金额以银行转账方式分_____次付清给甲方。

## 二、甲方声明与保证（任选一款）

1. 甲方保证对其拟转让给乙方的股权拥有完全、有效的处分权，保证该股权没有被质押，并免遭第三人追索，否则应由甲方承担由此引起的一切经济和法律责任。

2. 甲方已将所拥有的占合营公司_____%的股权于_____年____月____日向_____作质押，现甲方已征得质权人的书面同意，同意甲方将该股权转让给乙方。甲方保证已对该股权拥有有效的处分权，否则应承担由此而引起的一切经济和法律责任。

## 三、有关公司盈亏（含债权债务）的分担（任选一款）

1. 本协议生效后，乙方按股份比例分享利润和分担风险及亏损（含转让前该股份应享有和分担公司的债权债务）。

2. 股权转让前，聘请在中国注册的会计师（或其他方式）对公司进行审计，乙方按双方认可的审计报告表的范围承担甲方应分担的风险、亏损和享有权益。股权转让生效后，若发现属转让前审计报告表以外的合营公司的债务，则由乙方按股权比例代为承担，但应由甲方负责偿还。股权转让生效后，乙方取得股东地位，并按股份比例享有其股东权利和承担义务。

3. 股权转让前，聘请在中国注册的会计师（或公司董事会组织）对公司进行审计，甲方按审计报告表的范围承担应分担的风险、亏损和享有权益，甲方应分担的债权债务，应在其股权款中扣除。本协议生效后，尚未清结的以及审计报告以外属甲方应分担的债权债务，均由乙方按股权比例享有和承担（或由乙方先行承担，然后由乙方向甲方追偿）。

**四、违约责任**

如乙方不能按期支付股权价款,则每逾期一日,应支付逾期部分总价款千分之_____的逾期违约金。如因违约给甲方造成经济损失,则对于违约金不能补偿的部分,还应支付赔偿金。

**五、纠纷的解决(任选一款)**

凡因履行本协议所发生的争议,甲、乙双方均应友好协商解决;如协商不成:

1. 向_____人民法院起诉;

2. 提请_____仲裁委员会仲裁。

**六、有关费用承担**

在转让过程中,发生的与转让有关的费用(如公证、审计、工商变更登记等),由乙方承担。

**七、生效条件**

本协议由甲、乙双方签订,经_____公证处公证,报政府主管部门批准后生效,双方应于三十日内到工商行政管理机关办理变更登记手续。

八、本协议一式_____份,甲、乙双方各执_____份,合营公司、公证处各执一份,其余报有关部门。

转让方:

_____年____月____日

受让方:

_____年____月____日

## 十、《视频制作合同》模板

# 视频制作合同

甲方：_____

乙方：_____

双方经友好协商，本着平等互利、公平合理、诚实信用的原则，根据中华人民共和国有关法律、法规就甲方委托乙方拍摄制作专题片一事达成以下协议：

**一、合同目标**

1. 乙方按照甲方要求拍摄制作宣传片 3 部，每部 3 分钟以内。视频名称：

《视频一》

《视频二》

《视频三》

2. 乙方按照甲方要求在_____年____月____日完成视频的制作，并按照甲方要求的格式交付成片。

**二、合同金额及付款方式**

1. 合同金额为_____元人民币（大写：_____元整）。

2. 合同签订 3 个工作日之内，甲方需向乙方支付_____%预付款_____元（大写：_____元整）。

3. 乙方按照约定时间于_____年____月____日交片。交片后____个工作日内,甲方一次性支付给乙方____%尾款_____元(大写:____元整)。

4. 付款方式:转账。

账号:_____

户名:_____

5. 甲方向乙方支付全款后,乙方应向甲方提供正规发票。

6. 其他项目。

### 三、甲方的权利与义务

1. 拍摄脚本需在甲方签署定稿后,方可进行拍摄制作。

2. 审片期间,在不脱离稿件、脚本的情况下,甲方有权要求乙方进行修改_____次。

3. 甲方需对拍摄现场进行组织、安排并明确具体拍摄要求,全力配合乙方现场拍摄。

4. 甲方对乙方拍摄的成片验收合格后,应向乙方出具书面的验收合格资料并确认已经向甲方交付成片。

5. 甲方需向乙方提供制作所需的相关素材,并保证资料的可操作性及有效性。甲方应于本合同约定的起始日前10个工作日内向乙方提供拍摄的相关资料,以便乙方落实相关的编播工作(特殊情况除外)。

6. 甲方提供的用于拍摄的素材或场景内容与形式应符合相关法律、法规的规定。对于甲方提供的不符合法律法规的拍摄内容和表现形式,乙方将保留根据国家相关法律法规进行审查、拒绝拍摄或提前终止拍摄的权利。因甲方提供的拍摄内容违法或侵权所造成的一切法律责任均由甲方自行承担。

### 四、乙方的权利与义务

1. 凡因甲方原因导致该片无法按期完成或影响成片质量,甲方向乙方提出补救要求时,乙方有权拒绝或向甲方提出补偿要求。

2. 乙方不得向外泄露甲方提供的相关资料,并应对甲方要求保密的资料绝对保密。

3. 乙方制作的成片各项技术指标需达到播出标准，如出现质量问题，则由乙方承担相关责任。

4. 在乙方制作期间，甲方不得随意更改脚本，如果因此造成乙方工作量增加或延误交片时间，那么乙方有权要求甲方另行付费。

**五、违约事项**

1. 因乙方原因逾期拍摄制作本合同约定的甲方视频时，每逾期一日，乙方应按合同总价款的千分之三向甲方支付违约金。

2. 因甲方原因导致乙方无法如期拍摄制作甲方视频时，自乙方书面通知催告甲方之日起 10 日内甲方未消除其原因的，视为甲方单方违反合同约定，乙方有权选择继续履行或单方解除本合同，并由甲方赔付合同总额 50% 的违约金。

3. 甲方逾期向乙方支付合同应付款额时，每逾期一日，甲方应按应付款额的千分之三向乙方支付违约金。

4. 非本合同约定的情况，合同任何一方无正当理由拒不履行合同义务的视为违约；守约方有权解除本合同（本合同自违约方收到守约方的解约通知之日解除），本合同解除时，违约方须按本合同总价款的 50% 向守约方支付违约金。

**六、其他条款**

1. 本合同自甲、乙双方签字之日起生效。

2. 本合同一式两份，双方各执一份，并具有同等法律效力。

3. 未尽事宜由双方本着友好合作的精神协商解决。

甲方（盖章）：　　　　　　乙方（盖章）：

　　　　　　　　　　　　　合同订立时间：＿＿＿＿年＿＿＿月＿＿＿日

## 图书在版编目（CIP）数据

合同案例复盘：合同纠纷实务指南 / 李文玲著. --北京：中国法治出版社，2025.3. -- ISBN 978-7-5216-5011-2

Ⅰ．D923.65

中国国家版本馆 CIP 数据核字第 2025ZD3695 号

责任编辑：陈晓冉　　　　　　　　　　　　　　封面设计：赵　博

**合同案例复盘：合同纠纷实务指南**
HETONG ANLI FUPAN：HETONG JIUFEN SHIWU ZHINAN

著者/李文玲
经销/新华书店
印刷/河北鑫兆源印刷有限公司
开本/710 毫米×1000 毫米　16 开　　　　　印张/ 14.75　字数/ 150 千
版次/2025 年 3 月第 1 版　　　　　　　　　2025 年 3 月第 1 次印刷

中国法治出版社出版
书号 ISBN 978-7-5216-5011-2　　　　　　　　定价：48.80 元

北京市西城区西便门西里甲 16 号西便门办公区
邮政编码：100053　　　　　　　　　　　　　传真：010-63141600
网址：http：//www.zgfzs.com　　　　　　　编辑部电话：010-63141835
市场营销部电话：010-63141612　　　　　　 印务部电话：010-63141606

（如有印装质量问题，请与本社印务部联系。）